A recepção da obra de Alexandre Herculano no Brasil:

secularização dos casamentos, religião e cultura política, mas não só...

Gizlene Neder
Gisálio Cerqueira Filho

A recepção da obra de Alexandre Herculano no Brasil:

secularização dos casamentos, religião e cultura política, mas não só...

Mauad X

Direitos desta edição reservados à
MAUAD Editora Ltda.
Rua Joaquim Silva, 98, 5º andar
Lapa — Rio de Janeiro — RJ — CEP: 20241-110
Tel.: (21) 3479.7422 - 97675-1026
www.mauad.com.br

FACEBOOK.COM/EDITORAMAUADX
@EDITORAMAUADX
@MAUADXEDITORA
(21) 97675-1026

Imagem da Capa:
Alexandre Herculano

Projeto Gráfico:
Núcleo de Arte/Mauad Editora

Revisão:
Luiz Henrique Moreira Soares

Agradecimento à Fundação Carlos Chagas Filho de Amparo à Pesquisa do Estado do Rio de Janeiro – Faperj.

Cip-Brasil. Catalogação-na-Fonte
Sindicato Nacional dos Editores de Livros, RJ.

N282r

A recepção da obra de Alexandre Herculano no Brasil : secularização dos casamentos, religião e cultura política, mas não só... / Gizlene Neder, Gisálio Cerqueira Filho. – 1. ed. – Rio de Janeiro : Mauad X, 2024.

140 p. : il. ; 15,5x23,0 cm.

Inclui bibliografia e índice

ISBN 9786553771451

1. Herculano, Alexandre, 1810-1877. O casamento civil. 2. Casamento (Direito) – Brasil – História. 3. Casamento – Aspectos religiosos. 4. Casamento – Aspectos políticos. I. Cerqueira Filho, Gisálio. II. Título.

24-91685 CDD: 306.20981
CDU: 347.62(81)(09)

Meri Gleice Rodrigues de Souza – Bibliotecária – CRB-7/6439

Dedicamos este livro às vítimas da intolerância e do ódio, sentimentos políticos sustentados pelos fundamentalismos religiosos, do passado e do presente.

SUMÁRIO

APRESENTAÇÃO

Este livro resulta de pesquisa multidisciplinar, vinculada institucionalmente ao Laboratório Cidade e Poder (LCP), da Universidade Federal Fluminense (UFF), situado nos programas de pós-graduação no campo dos estudos históricos, jurídicos, das Ciências Sociais e Humanas. Poderíamos estar nos referindo de forma mais específica ao campo dos estudos de História do Direito e História da cultura jurídica e política. Esta abordagem vem sendo desenvolvida pelos autores em diversos projetos de pesquisa desde a década de 1990, com ênfase nos processos de circulação de ideias, livros, autores *vis-à-vis* as apropriações culturais ocorridas entre as Europas e as Américas.

Nossos estudos sobre processos de circulação e apropriações entre formações históricas bem que podem receber a designação mais recorrente na atualidade de "estudos de história do processo de globalização, desigualdades e trocas transnacionais".

Mas não somente pelos dois pesquisadores que assinam a autoria deste livro. Devemos informar sobre um conjunto mais amplo de trabalhadores intelectuais vinculados ao Laboratório Cidade e Poder e a produção de quase uma centena de teses, dissertações e monografias, além de livros e artigos científicos.

Seu caráter multidisciplinar vem sendo produzido no âmbito de programas de pós-graduação, na Universidade Federal Fluminense (UFF) (Programa de Pós-graduação em História [PPGH], Programa de Pós-graduação em Sociologia e Direito [PPGSD] e Programa de Pós-graduação em Ciência Política [PPGCP]).

Para a realização deste estudo sobre a recepção da obra de Alexandre Herculano no Brasil, partimos da ideia inicial de que a recepção havia sido expressiva. Constatamos ser bem maior do que imaginamos. Claro que tínhamos uma ideia. Tal como todos os processos de formulação de hipóteses, havíamos observado a inclusão de livro no Exame Nacional do Ensino Médio (ENEM), para ingresso nas universidades públicas brasileiras. Tratava-se de um dos livros mais icônicos de Alexandre Herculano, *Eurico, o Presbítero*, que inaugurara o romance histórico em língua portuguesa em meados do século

XIX. Encontramo-lo à venda em uma banca de jornal na cidade do Rio de Janeiro, publicado pela Edições de Ouro, uma das maiores e mais populares editoras no Brasil.

Formulamos a hipótese de que, dada à força política do catolicismo romano nas formações históricas brasileira e portuguesa, o processo de modernização do Direito Civil implicou embates políticos e ideológicos muito violentos. A secularização dos casamentos (introdução do dispositivo do casamento civil) contou com forte oposição do conservadorismo clerical com reflexos nos processos decisórios que comprometeram a institucionalidade interna das duas formações históricas (brasileira e portuguesa). Os debates do campo intelectual brasileiro repercutiram em Portugal, e vice-versa. Sobretudo, vários autores do campo jurídico e político português foram apropriados e referidos no Brasil de meados do século XIX e início do século XX com a familiaridade dos tempos do Império Luso-Brasileiro, extinto em 1822. Alexandre Herculano foi um destes autores.

Buscamos, também, responder a uma hipótese subsidiária nesta pesquisa: a de que a virulência das críticas do conservadorismo clerical ao casamento civil em Portugal (e no Brasil) havia confinado Alexandre Herculano para uma radicalização que não estivera tão presente em seu pensamento político até sua participação na recolha dos documentos históricos em poder da Igreja nos conventos e igrejas de Portugal, bem como na Comissão Revisora do Projeto de Código Civil em Portugal. Esta era nossa hipótese principal – e, como os leitores poderão constatar, conseguimos comprovar.

Pensamos que as fantasias absolutistas de controle absoluto presentes no conservadorismo clerical e sua reação histriônica à secularização dos casamentos aumentaram e distorceram o anticlericalismo de Alexandre Herculano (e de vários pensadores brasileiros e portugueses). Essa distorção produziu escolhas políticas de autoexílio entre os intelectuais que se implicaram no encaminhamento de reformas da codificação civil.

Neste sentido, concluímos que as referências aos escritos e ao pensamento de Alexandre Herculano, feitas pelo campo intelectual brasileiro no bojo do processo de secularização, teriam funcionado como indicadores de oposição ao conservadorismo clerical.

Temos defendido a necessidade de articular nas análises da história política as razões de ordem religiosa – sejam elas razões políticas ou teológicas/ideológicas, tanto quanto pela interpenetração da cultura religiosa com a cultura jurídica. A observação do campo político pelas lentes da cultura religiosa possibilita a identificação dos sentimentos políticos que se apresentam em diferentes conjunturas históricas; estão bastante relacionados às decisões políticas e à disposição de mudança nas instituições políticas. Questões referidas aos casamentos (no nosso tempo presente, os casamentos homoafetivos, por exemplo), à sexualidade, ao divórcio, à filiação, e demais temas relacionados à tensão entre Indivíduo e Sociedade (Estado e Religião) constituem uma janela para a observação destes sentimentos políticos, que podem definir a disposição para a transformação social e a inovação, ou o seu contrário.

A aplicação social deste enfoque deve ser situada no âmbito da história das instituições políticas e da cultura política, e sua validade social inscreve-se na reflexão destinada ao desenvolvimento das políticas públicas (referidas à política educacional, política social e todas as políticas do campo jurídico – polícia, justiça, política criminal).

Que sentimentos políticos podem ser identificados nos debates políticos e jurídicos envolvendo as mudanças sociais, políticas e culturais que podem significar avanços no sentido de justiça social e do bem viver? Quanto de sofrimento (*pathos*) está envolvido nas práticas sociais, políticas, jurídicas e sociais que se apresentam no acontecer social e produz danos (inclusive econômicos), devido a políticas públicas que respondem às pautas políticas retrógradas?

Convidamos os leitores a observarem os detalhes da recolha de pistas e dados que podem ajudar na apreensão da *dialética do esclarecimento* (no sentido que foi dado ao conceito por Adorno e Horkheimer [1985], quando o empregam dentro da Teoria Crítica).

Agrademos o apoio da Fundação Carlos Chagas Filho de Amparo à Pesquisa do Estado do Rio de Janeiro (FAPERJ) e do Conselho Nacional de Desenvolvimento Científico e Tecnológico (CNPq). Agradecemos também ao apoio recebido em Portugal para o desenvolvimento de nossas pesquisas, por meio de financiamento de pós-doutorado realizado na Biblioteca Nacional de Lisboa (1999), como Bolsista de Investigação da Fundação Luso-Brasileira para o Desenvolvimento dos Povos de Língua Portuguesa. Em 2010 recebemos a Bolsa de Investigação para Estrangeiros da Fundação Calouste Gulbenkian, Lisboa (Portugal), que fomentou a realização de estágio de pós-doutorado.

Por fim, nossos agradecimentos às mulheres e homens de ciência que, quando em situações decisórias muito delicadas da política científica no país, veem estabelecendo estratégias de resistência e avanço que possibilitam, ainda que com dificuldades, o avanço do Brasil rumo à sociedade do conhecimento, mirando a democracia do conhecimento.

Gizlene Neder e *Gisálio Cerqueira Filho*

INTRODUÇÃO

Este livro enfoca as relações entre o campo intelectual brasileiro e o português na segunda metade do século XIX, a partir da recepção, no Brasil, da obra de Alexandre Herculano (1810-1877). Tem como pano de fundo o processo de secularização nas duas formações históricas (Brasil e Portugal), tendo em vista a circulação de ideias políticas, jurídicas e religiosas, bem como as apropriações culturais entre as duas formações históricas.

Observamos várias referências ao autor português entre os intelectuais brasileiros, e, de fato, o impacto da obra de Alexandre Herculano no Brasil ecoa por décadas após a sua morte, em 1877. As questões implicadas pela obrigatoriedade de citações ou referências como estratégias de legitimação do trabalho intelectual, embora seja plausível admitir sua ocorrência em relação a Alexandre Herculano, não são, contudo, suficientes para explicar a adesão de autores, professores (especialmente do campo dos estudos literários) e políticos brasileiros ao pensamento de Herculano desde meados do século XIX.

Realizamos pesquisa em bibliotecas públicas brasileiras, especialmente no Rio de Janeiro, onde estão situados os acervos mais volumosos e expressivos para o campo intelectual brasileiro. Mas também levantamos os acervos de bibliotecas públicas e de universidades públicas brasileiras. Queremos, com este levantamento, registrar que a recepção à obra de Alexandre Herculano no Brasil foi maior até mesmo do que imaginávamos, quando iniciamos a pesquisa que fundamenta os argumentos deste livro. O material levantado permite que analisemos as trocas transnacionais e o processo de circulação de ideias, livros e intelectuais. As afirmativas vagas como “autor muito referido”, “um clássico”, “muito importante” ou “como todos sabem” não devem constar de textos e livros dos historiadores das ideias políticas e sociais e das apropriações culturais. Fechamos este livro com o material levantado e comentado.[1]

Nos estudos e pesquisas realizados pelo conjunto dos pesquisadores do Laboratório Cidade e Poder (LCP), criado em 1992 e ativo no processo de pesquisa e formação pós-graduada na Universidade Federal Fluminense (UFF),

1 Cf. Capítulo IV deste livro.

temos trabalhado com a história intelectual e história das ideias sociais e políticas em teses e dissertações, além dos livros resultantes de pesquisas. Temos produzido vários levantamentos de obras, autores, bibliotecas e referências bibliográficas. Nossa preocupação é evitar as frases vagas e alusivas à importância de autores, correntes e livros (tal como "livro clássico", "autor importante, como todos sabem", dentre outras).

Alexandre Herculano havia se tornado um símbolo das lutas contra o centralismo monárquico e de defesa do liberalismo em Portugal. Havia sido encarregado, em 1853, da compilação e da organização da *Portugaliæ Monumenta Historica* (PMH), cujos volumes começaram a ser publicados em 1856. Alexandre Herculano fez parte da Comissão Revisora do Projeto de Código Civil Português, elaborado pelo Visconde de Seabra. Em Herculano foram depositadas expectativas de contribuições significativas à Comissão Revisora pelo seu conhecimento do campo da História do Direito em Portugal. O campo intelectual português abraçara a Ilustração (católica) e apropriara o historicismo com entusiasmo suficiente para justificar e enaltecer a presença de um historiador naquela comissão. Sua participação na Comissão Revisora do Código Civil constituiu um divisor de águas em sua inserção no campo intelectual português. Entretanto, em Portugal (como no Brasil), os intelectuais envolvidos na elaboração, revisão e aprovação de codificações civis sofreram uma forte campanha de desqualificação moral e intelectual, oriunda do conservadorismo clerical. E tal fato não poderá ser ocultado. Nesse aspecto, vários problemas relacionados ao reconhecimento e ao ressentimento, muito comuns entre intelectuais, podem ser verificados. Alexandre Herculano foi muito atacado, especialmente por lideranças políticas do clero português conservador. Talvez pelos embates travados quando buscara a identificação das fontes e seu acesso a elas para a pesquisa realizada sobre a história de Portugal. Aqui não se pode subestimar a importância da Igreja Católica Romana, nem o quanto os padres, muitas vezes zelosos da custódia dessas fontes, sempre encararam com desconfiança a tarefa hercúlea de Herculano.

A quase totalidade das notas biográficas sobre Alexandre Herculano sublinha que ao fim da vida optou, em 1867, por um autoexílio, passando a se dedicar à produção de azeitonas e azeite em sua Quinta de Vale de Lobos. Uma opção individual de retirada de cena dos debates do campo intelectual português. Apesar disso, a atuação e o pensamento político de Alexandre Herculano como um todo foram alvo de disputas políticas que estamos situando como parte do processo de secularização em Portugal que ecoam no Brasil. Herculano foi combatido pelo conservadorismo clerical, embora seu panteão destaque-se no Mosteiro dos Jerônimos, onde estão enterradas as personalidades portuguesas. As epígrafes lavradas em pedra no seu panteão aludem às perseguições sofridas por ele.

Figura 1 e Figura 2 – Sala do Capítulo. Mosteiro dos Jerônimos, Lisboa

Fonte: Fotografia do acervo particular.

Fonte: Fotografia do acervo particular.

Dada a força política do catolicismo romano nas formações históricas brasileira e portuguesa, o processo de modernização do Direito Civil implicou embates políticos e ideológicos muito violentos. A secularização dos casamentos (introdução do dispositivo do casamento civil) contou com forte oposição do conservadorismo clerical com reflexos nos processos decisórios que comprometeram a institucionalidade interna das duas formações históricas. Os debates do campo intelectual brasileiro repercutiram em Portugal, e vice-versa. Sobretudo, vários autores do campo jurídico e político português foram apropriados e referidos no Brasil de meados do século XIX com a familiaridade dos tempos do Império Luso-Brasileiro – Alexandre Herculano foi um destes autores.

A virulência das críticas do conservadorismo clerical ao casamento civil em Portugal pode ter confinado Alexandre Herculano para uma radicalização que não estivera tão presente em seu pensamento político até sua participação na Comissão Revisora do Projeto de Código Civil.

As fantasias absolutistas de controle absoluto presentes no conservadorismo clerical e a reação histriônica do clero à secularização dos casamentos aumentaram e distorceram o anticlericalismo de Alexandre Herculano (e de vários pensadores brasileiros e portugueses). Essa distorção produziu escolhas políticas de autoexílio entre os intelectuais que se implicaram no encaminhamento de reformas da codificação civil. Mas não só. Tais escolhas vieram acompanhadas de melancolia e sofrimento psicológico de natureza subjetiva com efeitos políticos.[2]

As referências aos escritos e ao pensamento de Alexandre Herculano, feitas pelo campo intelectual brasileiro, no bojo do processo de secularização, teriam funcionado como indicadores de oposição ao conservadorismo clerical.

Temos defendido a necessidade de articular nas análises da história política as razões de ordem religiosa – sejam elas razões políticas ou teológicas/ideológicas, tanto quanto pela interpenetração da cultura religiosa com a cultura jurídica.[3] A observação do campo político pelas lentes da cultura religiosa possibilita a identificação dos sentimentos políticos que se apresentam em diferentes conjunturas históricas; estão bastante relacionados às decisões po-

2 Haja vista o isolamento e até certo ostracismo intelectual de Clóvis Beviláqua na História Intelectual no Brasil. Cf. NEDER, Gizlene. Secularização e ideias jurídicas: entre política e religião. *Revista Culturas Jurídicas*, v. 8, p. 1-23, 2021. NEDER, Gizlene (com colaboração de Gisálio Cerqueira Filho). *Duas Margens*: ideias jurídicas e sentimentos políticos no Brasil e em Portugal na passagem à modernidade. Rio de Janeiro: Revan, 2011.

3 NEDER, Gizlene; CERQUEIRA FILHO, Gisálio. Os filhos da lei. *Revista Brasileira de Ciências Sociais*, v. 16, n. 45, p. 113-125, 2001.

líticas e à disposição de mudança nas instituições políticas. Questões referidas aos casamentos (no nosso tempo presente, os casamentos homoafetivos, por exemplo), à sexualidade, ao divórcio, à filiação, e demais temas relacionados à tensão entre Indivíduo e Sociedade (Religião e Estado) constituem uma janela para a observação destes sentimentos políticos, que podem definir a disposição para a transformação social e a inovação, ou o seu contrário.

A aplicação social deste enfoque deve ser situada no âmbito da história das instituições políticas e da cultura política, e sua validade social inscreve-se na reflexão destinada ao desenvolvimento das políticas públicas (referidas à política educacional, política social e todas as políticas do campo jurídico – polícia, justiça, política criminal).

A abordagem dos temas aqui levantados tem implicado em certa repetição na ênfase que temos dado à relação entre o Direito Penal e o Direito de Família (pelo viés dos sentimentos políticos moldados pelos sentimentos religiosos de intolerância política e seus efeitos sobre o acontecer social). Como se trata de uma abordagem que revela questões não muito destacadas pela historiografia tradicional, seja da História Política, seja da História do Direito, temos desenvolvido nossas pesquisas, publicados nossos livros e artigos científicos aos bocados, tentando trazer à tona os achados mais importantes (a nosso juízo) que possam explicar a matança, por exemplo, de tantos jovens pretos nas periferias das grandes cidades brasileiras. O mesmo vale para a nossa observação da conjuntura internacional. Não se trata, a nosso ver, de um "choque de civilizações", mas de efeitos variados de um processo mais geral de expansão do colonialismo europeu para várias formações históricas das Américas, das Áfricas e outros Orientes.

Temos informado em várias publicações nossas mais recentes que a sugestão de destaque para a validade deste lugar de observação nós encontramos na obra de Hannah Arendt, *Eichmann em Jerusalém*.[4] Na primeira página do primeiro capítulo do livro em que analisa o julgamento do carrasco nazista por crimes contra a humanidade, realizado em Jerusalém nos anos 1960, Hannah Arendt faz uma crítica radical às proibições dos casamentos mistos (casamentos entre pessoas de credos diferentes), presente nos fundamentalismos religiosos (no caso, ela se refere ao fundamentalismo judaico). Para os leitores mais atentos, o contexto histórico do livro (julgamento de crimes contra a humanidade) pedia, de fato, uma incursão para as questões religiosas referidas às proibições de casamentos mistos e outras intolerâncias geradas pelos fundamentalismos religiosos, especialmente nas religiões monoteístas. Esta

4 ARENDT, Hannah. *Eichmann em Jerusalém*: um relato sobre a banalidade do mal. São Paulo: Companhia das Letras, 1999.

proibição, entretanto, revela a intolerância política e religiosa, e a inflexibilidade calcada na ideia de pureza (religiosa, mas também política e étnica) que marcam as práticas de extermínio e justificam genocídios. Marcam, porque abrem possibilidades de consideração de que os "eleitos de Deus" são mais "humanos" que outros humanos. Em seguida, Hannah Arendt envereda pela observação e análise do julgamento de Eichmann, desenvolvendo uma reflexão sobre a banalidade do mal.

Esta posição havia sido cuidadosamente trabalhada por Sigmund Freud em *Moisés e o monoteísmo*, e sua discussão não se esgotou.

Desenvolvemos um argumento sobre essa problemática em outro livro que publicamos a quatro mãos, intitulado *Projeto JFK*: juntar Sigmund Freud e Hans Kelsen uma aproximação entre subjetividade e direito,[5] em que situamos a mesma problemática vivenciada por Hannah Arendt na década de 1960, pensada e vivenciada pelos autores vienenses nas décadas de 1920-1930. À luz da Teoria Crítica, a mesma que informa o excelente capítulo de Carl Schorske, intitulado "Política em novo tom: o Trio Austríaco",[6] em que o autor destaca a formação de um caldo de cultura política comum que fundamenta o sionismo, o pangermanismo e o autoritarismo são analisados.

Sobre a crítica freudiana à ideia de "pureza", seguimos os argumentos de Edward Said[7] e Gisálio Cerqueira Filho.[8] Os autores apontaram, por prismas diferenciados, mas dentro da interpretação crítica dos estudos culturais, a posição de Freud em relação à religião. Moisés pode não ter sido judeu, mas egípcio, e a ideia de pureza racial, religiosa, cultural, política e social está inscrita na cultura (religiosa).

---

5 CERQUEIRA FILHO, Gisálio; NEDER, Gizlene. *Projeto JFK.* Juntar Sigmund Freud e Hans Kelsen: uma aproximação entre subjetividade e direito. Rio de Janeiro: Mauad X, 2020.

6 SCHORSKE, Carl. *Viena fin-de-siècle*: política e cultura. São Paulo: Companhia das Letras, 1988, p. 125-177.

7 SAID, Edward. *Freud e os não-europeus*. São Paulo: Boitempo, 2004.

8 CERQUEIRA FILHO, Gisálio. Conservadorismo religioso e "Moisés e o monoteísmo" de Sigmund Freud: uma abordagem que ainda surpreende. *Revista Latino-americana de Psicopatologia Fundamental*, v. ano 11, p. 01-14, 2008.

CAPÍTULO I

SECULARIZAÇÃO DO DIREITO DE FAMÍLIA NO BRASIL E EM PORTUGAL

Secularização dos casamentos: uma polêmica estridente

Neste livro, trabalhamos o processo de secularização dos casamentos (e do Direito de Família) enfocando os debates entre juristas católicos frente à modernização das leis civis sobre casamento no Brasil e em Portugal em meados do século XIX. Destacamos os debates políticos e jurídicos que envolveram intelectuais luso-brasileiros nas duas margens do Atlântico, entre eles, Alexandre Herculano (1810-1877), Visconde de Seabra (1798-1895), Barão de Penedo (1815-1906), D. Pedro II (1825-1891), Augusto Teixeira de Freitas (1816-1883) e José Tomás Nabuco de Araújo (1813-1878).

O Iluminismo jurídico europeu avançou no encaminhamento de reformas da legislação, à luz do constitucionalismo moderno. Tanto em Portugal quanto no Brasil encaminhou-se a limitação dos poderes absolutistas de seus monarcas e a aprovação de Constituições que visavam à implantação de monarquias constitucionais. Este processo implicou idas e vindas e os monarcas bragantinos equilibraram-se entre sentimentos políticos absolutistas e as pressões políticas pelas reformas.

O debate mais exaltado, e também o mais difícil, foi o que implicou a substituição do Livro IV das Ordenações do Reino de Portugal (as Ordenações Filipinas de 1603). Encontra-se neste Livro IV o conjunto de leis sobre Direito de Família. As dificuldades políticas dos juristas reformistas situaram-se na imbricada relação entre o Estado e a Igreja Católica, pois tanto em Portugal quanto no Brasil vigorava o regime de padroado, no qual o clero constituía parte da administração governamental.

O clero luso-brasileiro reagiu com energia à secularização dos casamentos (designado naquela temporalidade como "casamento civil") e combateu os casamentos mistos (entre católicos e não católicos). A reação católica defendeu, naquela conjuntura e até num avançado século XX (e ainda no século XXI), a ideia de casamento como sacramento, com laços indissolúveis. A ideia de casamento como um contrato civil, portanto, não eclesiástico, foi conduzida pelas igrejas reformadas protestantes e, no campo católico, pelo jansenismo[9] na França.

Contudo, foi na Revolução Francesa, com o Código Civil de 1804, que a ideia de casamento como contrato foi efetivada. Todos os juristas que encaminharam a discussão sobre a secularização dos casamentos e a consequente reforma modernizante do Direito de Família (mesmo que referidos ao catolicismo ilustrado) foram tratados como irreligiosos.[10]

A circulação de ideias e apropriações culturais demanda uma abordagem dinâmica dos processos sociais e políticos, sujeitos a efeitos aleatórios do desenvolvimento histórico-cultural. A formulação de uma ideia sob a forma de textos, teses e livros, envolve uma elaboração intelectiva, na qual as intenções (manifestas ou inconscientes) dos autores podem ser mais claramente identificadas. Contudo, as apropriações ocorridas na dinâmica histórica são aleatórias e operam sob processos múltiplos e variados.

No estado atual dos debates no campo dos estudos da história cultural e da história da cultura política, a análise do processo de circulação de ideias, de sua recepção e da apropriação cultural está sendo nominada como "história transnacional"; uma expressão nova para falar de velhas abordagens da antiga "história das ideias políticas e sociais".

As interações entre os textos jurídicos (do Direito Civil sobre casamentos) e as ideias e culturas religiosas (da cristandade ocidental e suas variadas formulações, especialmente desde as reformas religiosas no século XVI – entre

---

9 Referido ao teólogo Jansênio (Países Baixos), que foi considerado pelo Papado romano como muito próximo do protestantismo, uma vez que realizou uma aproximação das leituras puritanas calvinistas que atualizavam e apropriavam Santo Agostinho. Na França, o campo católico jansênico foi forte e contou com a atuação de Blaise Pascal. O jansenismo defendia a autonomia da Igreja nacional em relação ao Papado, tendo uma pauta política reformista (dentro do catolicismo ilustrado), combinada com uma leitura teológica rigorista e conservadora. Opôs-se no Concílio de Trento (e seus desdobramentos no século XVII) aos teólogos jesuítas. Atuou fortemente na secularização da política (sem abolir a religião) e protagonizou esforços para a modernização do saber com a afirmação do paradigma científico mecanicista, que colocava a Matemática como referência epistemológica principal na formulação da ideia de lei científica. Para Blaise Pascal, havia uma separação entre Fé e Ciência (diferentemente do jesuitismo tomista, que operava – e ainda opera – a imbricação entre Fé e Ciência).

10 NEDER, Gizlene; CERQUEIRA FILHO, Gisálio. *Ideias jurídicas e autoridade na família*. Rio de Janeiro: Revan, 2007.

catolicismo e protestantismo) ocorrem expressando uma forma particular de dizer o Direito. Esta é a hipótese que norteia nosso trabalho. No caso em tela, expressam-se no debate sobre a modernização da legislação sobre casamentos e as mudanças e permanências da condição feminina nas sociedades brasileira e portuguesa (e francesa, naquilo que apontam a modernização da legislação civil), com extensões para além da temporalidade estrita do tempo histórico dos debates; apresentando-se, portanto, em pleno século XIX e até mais tarde.

A codificação civil moderna na França veio com o *Code Civil des Français*, de 1804, como dissemos. Por seu turno, as novidades nele contidas foram divulgadas e levadas até os confins dos prolongamentos coloniais das sociedades centro-ocidentais e das Américas (para nos limitarmos no âmbito das sociedades atlânticas). A análise dos sintomas referidos aos sentimentos políticos contingentes no processo de modernização das codificações em várias formações históricas atlânticas implicou a adesão ou a resistência à apropriação dos Códigos Civis modernos: especialmente o Código Civil Francês. Não foi o primeiro Código legal moderno europeu, mas foi o que mais impacto provocou, especialmente pela ruptura com a ideia de casamento como sacramento. Introduziu a ideia de "casamento" como contrato e recebeu a oposição militante do campo religioso nos marcos do conservadorismo clerical,[11] muito forte no Brasil e em Portugal – mas não só. Nas formações históricas abrangidas pelas reformas protestantes, o casamento (assim como a confissão) deixou de ser um sacramento desde o século XVI.

A relação do pensamento e da cultura jurídica luso-brasileira frente aos campos intelectuais europeus de produção de ideias jurídico-políticas mais destacados não implicou, tal como proclamado, "atraso cultural". Esta concepção de "atraso" aparece na visão colonialista de algumas interpretações: atraso do Brasil em relação a Portugal; de Portugal e do Brasil em relação à Europa. As ideias de "centro" e "periferia" devem ser vistas na lógica da dominação colonial e imperialista e nas relações de força (políticas e ideológicas) estabelecidas.[12] Estamos considerando a presença de um processo de circulação de ideias iniciado com a expansão europeia entre os séculos XV e XVI e que ganha novos contornos em fins do século XVIII. Este processo

11 CERQUEIRA FILHO, Gisálio. Sinfonia Inacabada: Augusto Teixeira de Freitas, a "Consolidação da Legislação" e o "Esboço de Código Civil" para o Brasil. In: NEDER, Gizlene (org.). *História & Direito*: jogos de encontros e transdisciplinaridade. Rio de Janeiro: Revan/FAPERJ, 2007, p. 95-109.

12 Para Carlo Ginzburg, as relações de força política nomeiam e impõem hegemonia sobre as concepções sobre "centro" (lugar de poder que qualifica e legitima) e "periferia" (lugar de subordinação e, acrescentamos, de desqualificação moral). GINZBURG, Carlo. História da Arte Italiana. In: *A micro-história e outros ensaios*. Lisboa: Difel, 1989a, p. 51-93.

acompanhou a circulação de pessoas, mercadorias, etc. na Europa e seus prolongamentos ultramarinos. Desse modo, a origem das ideias (ou seja, o lugar das ideias – se é fato que ideias têm um lugar[13]), a autenticidade e o mimetismo (em Portugal e no Brasil) em face dos principais centros europeus, são temas que aparecem nos debates intelectuais das letras jurídicas, assim como em outros campos do saber.

A introdução do casamento civil, por sua vez, era uma exigência que se colocava pela inserção das duas formações históricas nos movimentos políticos e sociais ensejados pela expansão da Europa burguesa e industrializada e pelos acordos internacionais iniciados após as guerras napoleônicas. A substituição dos antigos impérios coloniais ibéricos (Espanha e Portugal) pelos da Inglaterra e da França implicou a um só tempo guerras e maior circulação de mercadorias e de população (com fortes levas migratórias); implicou maior circulação de ideias e apropriações culturais. As ideias revolucionárias e a modernização das instituições políticas, mesmo em sociedade que mantiveram forte acento conservador e autoritário (como é o caso do Brasil e de Portugal), pressionavam por mudanças.

No caso do Brasil, os casamentos mistos (entre católicos e não católicos) aumentaram frente à política imigrantista que buscou trabalhadores na Europa protestante. A Lei Eusébio de Queirós (1850), que pôs fim ao tráfico de escravos africanos, resultou em novas estratégias para o fornecimento externo de mão de obra, o que exigiu das autoridades brasileiras reformas no estatuto jurídico dos casamentos e da filiação (implicada aí a condição jurídica de filhos de protestantes, cujos casamentos não eram juridicamente válidos; sendo eles, portanto, considerados "filhos ilegítimos", com consequências para a transmissão de herança, e outras mais).[14] Com o acolhimento de trabalhadores estrangeiros não católicos, a secularização dos casamentos era, portanto, fundamental para a governação imperial na segunda metade do século XIX. Pela lei, somente os casamentos católicos eram válidos e sua filiação legítima.[15]

As tentativas diplomáticas do governo imperial brasileiro para resolver o problema dos "casamentos mistos" será uma das janelas de observação que escolhemos desenvolver neste texto. Para tanto, trabalhamos com os documentos diplomáticos (cartas e ofícios) do Arquivo Histórico do Itamaraty, especialmente a documentação que contém as negociações do Barão de Penedo,

13 Em nossa opinião, melhor seria conceber a expressão lugar como "lugar analítico" e não no sentido de espaço/território.

14 NEDER, Gizlene; CERQUEIRA FILHO, Gisálio. *op. cit.*, 2007.

15 NEDER, Gizlene. *As Reformas Políticas dos "Homens Novos" (Brasil Império: 1830-1889)*. Rio de Janeiro: Revan, 2016.

embaixador brasileiro na corte da rainha Vitória, da Inglaterra, com a Santa Sé.

Toda a orquestração diplomática com o Papado romano e o processo dorido de modernização do Direito de Família implicaram, entre si, juristas portugueses e brasileiros. No debate público ocorrido em torno da secularização dos casamentos no Brasil, os juristas portugueses compareceram, ora citados na imprensa, ora por meio da circulação de livros de autores portugueses sobre o tema, como Coelho da Rocha e Alexandre Herculano, entre outros. Como também pelas trocas diretas sob a forma de cartas, réplicas publicadas em jornais no Rio de Janeiro e em Lisboa. Este processo de circulação de ideias, publicações e apropriações culturais entre Brasil e Portugal é, portanto, outra janela de observação que vamos trabalhar. As fontes utilizadas são os livros jurídicos depositados na Biblioteca Nacional do Rio de Janeiro, na Biblioteca do Real Gabinete Português de Leitura do Rio de Janeiro, na Biblioteca do Instituto dos Advogados do Brasil (IAB) e na Biblioteca Nacional de Lisboa.

Reformas do Direito de Família (Brasil e Portugal)

As duas Cartas Constitucionais (Brasil [1824] e Portugal [1826]) dispunham sobre a premência de organização de Códigos modernos (Civil e Criminal).

A Carta Constitucional de 1824, do Brasil, dispôs que se organizasse um Código Civil e Criminal. O primeiro projeto de Código Civil só foi encomendado a Augusto Teixeira de Freitas na década de 1850. A governação imperial, contudo, aprovou o Código Comercial (1850); dotou o país de uma legislação incompleta, resolvendo as questões econômicas, financeiras, comerciais e administrativas, sem os capítulos referidos ao Direito de Família.

Augusto Teixeira de Freitas foi contratado para redigir o projeto de Código Civil, em 1851. Os trabalhos de Teixeira de Freitas não foram concluídos e, vinte e um anos depois (em 1872), o governo imperial celebrou contrato com José Tomás Nabuco de Araújo para a preparação de outro projeto de Código Civil. Na vigência do contrato, Nabuco de Araújo faleceu. Nova encomenda foi feita, desta feita para Felício dos Santos. Na comissão nomeada para analisar o projeto de Felício dos Santos, encontrava-se Antônio Coelho Rodrigues (além de Lafayette Rodrigues Pereira, Antônio Joaquim Ribas, Antônio Ferreira Viana e Francisco Justino Gonçalves de Andrade). Antônio Coelho Rodrigues (monarquista e católico) criticou muito o projeto de Felício dos Santos, segundo ele, inspirado no jurista português Coelho da Rocha (que, por sua vez, participou dos debates sobre o Código Civil Português).

Sob a presidência do próprio imperador D. Pedro II, instaurou-se uma nova comissão para a elaboração do Código Civil, da qual ainda fazia parte Antônio

Coelho Rodrigues. A proclamação da República em 1889 pôs fim aos trabalhos desta comissão. Já sob o regime republicano, a governação republicana encomendou, em 1893, a Antônio Coelho Rodrigues outro projeto de Código Civil, que foi rejeitado pelo presidente, o marechal Floriano Peixoto.[16]

O desfecho deste longo vaivém ocorreu com o segundo projeto republicano de legislação civil, quando Clóvis Beviláqua foi convidado, pelo então ministro da Justiça, e futuro presidente da República brasileira, Epitácio Pessoa, a redigir o projeto de Código Civil. Foi aprovado em 1916, depois, tal como acontecera com os projetos precedentes, de acalorado debate público e parlamentar. A assinatura no projeto propiciou notoriedade ao jovem jurista; ao mesmo tempo, provocou grande ciúme intelectual, especialmente em Rui Barbosa, à época senador da República e que dirigiu no Senado brasileiro os trabalhos da Comissão Revisora que discutiu o projeto de Código Civil de Clóvis Beviláqua[17].

Em Portugal, a Carta Constitucional de 1826 dispôs que se organizasse um Código Civil e Criminal. O decreto de 25 de abril de 1835 ofereceu um prêmio a quem apresentasse um Código Civil às Cortes; mas não se chegou a discutir nenhum dos projetos apresentados. Em 1850 foi encomendado a António Luís de Seabra (depois feito Visconde de Seabra) que preparasse um projeto de Código Civil. Foi nomeada uma Comissão Revisora composta

---

16 A longevidade da indecisão sobre um Código Civil moderno para o Brasil, que, afinal, foi aprovado em 1916, 94 anos após a independência do país de Portugal (1822) e 27 anos (!) depois da República proclamada (1889), tem sido objeto de vários de nossas publicações, individuais e em coautoria (NEDER, Gizlene; CERQUEIRA FILHO, Gisálio. *op. cit.*, 2007). Observe-se que a tarefa de redigir outro projeto de Código Civil ficou a cargo, por fim, de um jurista liberal da Escola do Recife, Clóvis Beviláqua, como anotado acima. A despeito do liberalismo do autor do projeto e da forte influência que recebeu do individualismo das leis civis francesas, reificou-se a ideia de que o Código Civil Brasileiro, pelas emendas conservadoras que recebeu da Comissão Revisora e pela resistência enérgica e apaixonada de Rui Barbosa (senador da República e membro da Comissão), teria uma forte influência do Código Civil Alemão (de 1897, e que entrou em vigor a partir de 1900). Assim que, por exemplo, a igualdade jurídica entre homens e mulheres (presente no projeto) foi rejeitada pela Comissão, para quem o homem devia ser o "cabeça do casal", merecendo as mulheres o mesmo estatuto jurídico de "incapazes", tais como as pessoas com deficiência mental e os menores. O Código Civil Brasileiro, até muito recentemente, apresentava no texto a distinção entre mulheres "honestas" e "desonestas"; "desonestas" eram consideradas aquelas que não se casassem virgens, que desonrassem o pai e a família, podendo ser deserdadas como punição. Por fim, outro sintoma da presença da militância católica frente ao processo de secularização dos casamentos: o Código Civil Brasileiro (de 1916) foi aprovado quase concomitante ao novo Código Canônico (de 1917), que substituiu o Código de Graciano (*Corpus Juris Canonici*), redigidos entre os séculos XII e XIII.

17 NEDER, Gizlene. *op. cit.*, 2011.

por Vicente Ferrer, Coelho da Rocha, Pais da Silva e Sousa de Magalhães. Em 12 de julho de 1858, Alexandre Herculano, António de Azevedo Melo e Carvalho, António Gil, Oliveira Marreca, Silva Ferrão, Jerónimo da Silva, Martens Ferrão, Filipe de Sousa, Costa Simas e Levy Maria Jordão foram adicionados à Comissão. Em 1865, o governo apresentou às Cortes a proposta de lei acompanhada do projeto do Código Civil. O documento foi aprovado em 1867 e entrou em vigor em 1868. Foi designado Código de Seabra, uma vez que foi o autor do projeto (António Luís de Seabra e Sousa [1798-1895]). O Visconde de Seabra foi ministro, juiz-conselheiro do Supremo Tribunal de Justiça e reitor da Universidade de Coimbra. Luso-brasileiro, o Visconde de Seabra atuou politicamente tanto em Portugal quanto no Brasil. Esteve presente nas discussões sobre a reforma do Código Civil no Brasil, a partir de uma encomenda de parecer feita por D. Pedro II, tendo provocado enorme indisposição de Augusto Teixeira de Freitas com o imperador.

A discussão do Código Civil em Portugal deu lugar a polêmicas estridentes entre o autor do projeto e os seus detratores, entre os quais se salientaram: Alberto António de Moraes Carvalho, António da Cunha Pereira Bandeira de Neiva, António Gil, Joaquim José Pais da Silva, Vicente Ferrer Neto Paiva, Augusto Teixeira de Freitas (sendo este último brasileiro, já mencionado, a quem o governo imperial brasileiro havia encomendado um projeto de Código Civil), entre outros.

A difusão do ideário iluminista apresentou-se, na virada do século XVIII para o XIX, acompanhada da afirmação das nacionalidades. Os nacionalismos regionais deram suporte ideológico para a construção dos Estados Nacionais Modernos. Neste processo, as disputas e as rivalidades no plano de políticas externas expansionistas e de implemento do comércio em nível mundial implicaram disputas ideológicas que buscavam marcar as ideias e as culturas "nacionais" com acentos de originalidade e autenticidade. Exigia-se, naquela temporalidade, originalidade e precedência na formulação de leis e Códigos; e as excelências dos juristas "nacionais" eram proclamadas.

Atentemo-nos para as "acomodações", como se dizia no século XIX, dos juristas oriundos de áreas reformadas (Holanda e Bélgica calvinistas, por exemplo), que recebiam traduções que catolicizavam seus escritos;[18] este era o sentido lato das traduções, designadas por "acomodação". A identificação da primazia de uma ou outra inovação; a adoção pioneira de um ou outro Código (Civil ou Criminal) moderno, ou a sapiência estupendamente brilhante des-

18 RAMOS, Henrique Cesar Barahona. *Os "Doutores da Lei": Medicalização Social e Jurisdição Civil (Brasil-Portugal-Século XIX*. Tese (Doutorado em História), Programa de Pós-graduação em História – Universidade Federal Fluminense, Niterói, 2013.

te ou daquele jurista (desta ou daquela nacionalidade), cujo saber jurídico, por sua vez, influenciou tais e quais Códigos, etc., formaram um conjunto de princípios dogmaticamente repetidos nos livros e ensaios de história do Direito. Os ecos destas disputas exibem-se nos manuais do campo do Direito até os dias de hoje. Os avanços teórico-metodológicos alcançados a partir do deslocamento do debate da ênfase no eixo "centro e periferia" na história das ideias políticas e sociais para as discussões sobre circularidade e apropriação culturais parecem não ter alcançado (ou ter atingido muito pouco) o campo do Direito. Neste particular, ocorre uma oscilação (às vezes no interior de um mesmo livro ou ensaio) entre um conjunto de afirmações apologéticas das excelências acadêmico-científicas e filosóficas dos juristas (portugueses ou brasileiros), e outro conjunto de imputações de dificuldades e atraso intelectual do campo do Direito.

No universo do mundo luso-brasileiro, e também ibero-americano, acrescentamos um ingrediente a mais nestas disputas: a militância católica pela ideia de "casamento" como um sacramento, indissolúvel.

Reformadores: afinidades eletivas e trocas intelectuais entre Brasil e Portugal (Alexandre Herculano, D. Pedro II e Nabuco de Araújo)

O segundo imperador do Brasil, D. Pedro II, preocupou-se pessoalmente com o tema do casamento civil/casamento misto. Presidiu a última Comissão Revisora do projeto de Código Civil antes de perder o trono. Em seus documentos pessoais sob a guarda do Arquivo Histórico do Museu Imperial, em Petrópolis, encontram-se manuscritos corrigidos e anotados de próprio punho.

Pedro II estabeleceu relações de sociabilidade intelectual com vários estudiosos europeus de diferentes campos do saber. No mesmo Arquivo Histórico do Museu Imperial, encontram-se as trocas de correspondência entre ele e Pasteur, Charcot, Victor Hugo, Graham Bell, Agassiz, Alexandre Herculano, Conde de Gobineau, entre outros.[19]

A relação de amizade entre o imperador D. Pedro II e Alexandre Herculano está registrada em suas anotações de viagens. Quando de sua primeira viagem à Europa, em 1871, o imperador Pedro II encontrou-se com Alexandre Herculano, dentre várias outras visitas que recebeu, ao tempo que permane-

19 Diários do Imperador. Arquivo da Casa Imperial do Brasil. Disponível em: http://www.museuimperial.gov.br/palacio/arquivo-historico/2-arquivo-da-casa-imperial-do-brasil.html. Acesso em: 21 abr. 2024.

ceu em quarentena[20] em Lisboa ao chegar do Brasil. Discutiram o tema do casamento civil.[21] As anotações de D. Pedro II revelam uma intencionalidade no encontro com Herculano:

> Veio o Soromenho[22] que estudou com o Gayangos em Madrid. Deve-me uma fotografia de Herculano, verdadeiro lapuz e referiu-me o que se passou aqui quando Herculano desgostoso e à vista da minha carta, queria ir para o Brasil.[23]
>
> [...]
>
> Enfim apareceu o Herculano, que logo conheci pela fotografia, que mandou-me. Tratou-me como amigo e chorou quando eu lhe pedi que fosse para mim tal qual foi para meu sobrinho e afilhado Pedro 2º [sic]. Ficou de mandar-me garrafinhas de bom azeite para o peixe de mamãe e quando íamos começando conversa interessante chegou o Luiz com mulher e filhos. Volta cá amanhã às 11 horas.[24]

Na sequência, Pedro II não se furta de entrar no debate sobre as relações entre política e religião que inflamaram o campo intelectual em Portugal e no Brasil desde a expulsão dos jesuítas em 1759, no reinado de D. José I. Faz observações sobre o entusiasmo de Herculano com a tentativa de regicídio que os fidalgos e jesuítas foram acusados de tramar no século XVIII, que motivou a sua expulsão de Portugal e do Brasil, e também registra a opinião de Herculano sobre a relação entre a religião e o clero português, dando testemunho dos desdobramentos de encontros e trocas com o historiador português.

> Falou muito de Pedro V e recomendou-me que levasse para o Brasil a cópia do processo dos fidalgos que tentaram matar D. José, única que existe e muito curiosa pelos depoimentos do rei, tendo o Conde de Olivas assistido até os tratos. Por mais que esquadrinhasse não pôde envolver os jesuítas.
>
> Como Herculano fala entusiasmado da Batalha! A caveira do mestre Ouquet está numa espécie de nicho. Hei ir ver o Convento dos Jerônimos

20 A quarentena era protocolo médico sanitário ao qual nem a família imperial do Brasil escapou.

21 KAISER, Glória. *Pedro II do Brasil*. Rio de Janeiro: Agir, 2000.

22 Augusto Pereira Soromenho (1833-1878), intelectual do Porto que Alexandre Herculano reputava como de grande talento.

23 Diários do Imperador Pedro II, Volume 11 (1ª Viagem ao Exterior – 1ª Parte – EUROPA, 25/05 a 23/06/1871 [p. 324-330], p. 320. Disponível em: http://www.museuimperial.gov.br/palacio/arquivo-historico/2-arquivo-da-casa-imperial-do-brasil.html. Acesso em: 21 abr. 2024.

24 Ibidem, p. 322.

com ele. Se tiver tempo hei de visitar Herculano em Val de Lobos e ele ficou de ler-me o que traduziu de Ariosto, quando lá nos acharmos.

Herculano falou com muita moderação. Descrê de Portugal, sobretudo porque há falta de religião – péssimo clero – e de instrução – dando as eleições, quando libérrimas, como agora, piores resultados quanto ao mérito dos eleitos. Elogiou os seminários, todavia. Estigmatizou a igualdade em todo o reino do sistema das escolas, com obrigação de frequenta-la, pois tornam-se assim o maior vexame da população agrícola. Para ele Soromenho nada tem feito para a idade que já tem. Já o Inocêncio me disse que Soromenho é reputado a pior invenção do Herculano.[25]

Em 1888, encontramos outra referência a Alexandre Herculano nos *Diários*. A esta altura, Herculano já está morto e a referência é indireta: "[...] 10h 25' Estive conversando no salão depois de ter-me despedido da Antônia quem comecei a ler o Eurico de Alexandre Herculano. [...] São 11h e ½ e vou deitar-me".[26]

Colhemos mais referências de Pedro II a Alexandre Herculano, que registram o apreço e dão testemunho de uma relação de amizade do primeiro em relação ao segundo:

> [...]
>
> 9^h 35^m Não o achei já. Jantei bem. Recebi visitas [...]entre as quais, o núncio e o ministro dos Estados Unidos com a senhora e Bussy da Academia das Ciências que trouxe-me a expressão de seus sentimentos. Despedi-me de Penedo que parte para Paris. Estou com o Nioac e já vou precisando de descanso. Junto a cópia das inscrições da capela de Belém onde estás [sic] enterrado meu amigo Alexandre Herculano.[27]
>
> [...]
>
> 11^h ¼. Acabei de ler o Elogio de Antônio Augusto de Aguiar por Gomes de Brito. Vou procurar o que se tenha publicado de improviso a 14 de setembro de 1877 ao ser encerrado o féretro de Alexandre Herculano no túmulo do general Vieira Gurjão. Vou dormir.[28]

25 Ibidem, p. 322.

26 Diários do Imperador Pedro II. Volume 27. 3ª Viagem ao Exterior – Primeira Parte – 30/06/1887 a 26/04/1888 [p. 543-705], p. 606. Disponível em: http://www.museuimperial.gov.br/palacio/arquivo-historico/2-arquivo-da-casa-imperial-do-brasil.html

27 Diários do Imperador Pedro II. Volume 28. 3ª Viagem ao Exterior – Segunda Parte – 26/04 a 04/05/1888 [p. 676– 680], p. 687. Disponível em: http://www.museuimperial.gov.br/palacio/arquivo-historico/2-arquivo-da-casa-imperial-do-brasil.html

28 Diários do Imperador Pedro II. Volume 28. 3ª Viagem ao Exterior – Segunda Parte – 26/04 a

O debate político e ideológico em torno das reformas dos estatutos jurídicos para a área do Direito de Família no Brasil e em Portugal foi, portanto, acalorado. Mobilizou o campo intelectual luso-brasileiro nas duas margens do Atlântico. Uma forte afetividade desbordou para além das prescrições de calculistas, positivistas e defensores da "ciência natural do Direito", fruto da afirmação do paradigma legalista resultante do processo político de secularização nas sociedades ocidentais.

Entre os dois amigos, um perdeu o trono (D. Pedro II), com o clero e a reação católica destacando-se como principais opositores. O outro, Alexandre Herculano, praticou um exílio voluntário, buscando refúgio em sua Quinta de Vale de Lobos. A oposição do conservadorismo clerical português a Herculano foi feroz e ganhou foro público na imprensa contemporânea.

A militância política e ideológica do campo conservador clerical proclamou no Brasil, como em Portugal, as excelências do projeto de Código Civil elaborado por Augusto Teixeira de Freitas. Este não concluiu o trabalho de preparação do projeto encomendado pelo governo imperial brasileiro. Difundiu-se a ideia de que sua recepção foi grande na produção de Códigos Civis em outras formações históricas, especialmente nas sociedades ibero-americanas, de predominância católica. Era tido como "perfeito", bem ao gosto da ideia de perfeição tomista; foi tido como obra de um gênio, em linha com as concepções agostinianas adotadas pelo jansenismo, tão influente no ensino jurídico em Coimbra, que havia sido reformado pelo Marquês de Pombal. Os intelectuais pombalinos (quer dizer, formados a partir das reformas do ensino de 1772) eram concebidos e se concebiam como "gênios", dotados da graça da inteligência, apropriando muitas das concepções pascalianas (Blaise Pascal), jansenistas (como dissemos, com forte acento agostiniano, para quem havia os que nasciam predestinados ao mal ou dotados de graça).[29]

Temos sustentado que o principal óbice para a conclusão do projeto de Código Civil de Augusto Teixeira de Freitas foi de ordem afetiva e ideológica, pois que o jurista era muito rigoroso e excessivamente apegado ao legalismo juridicista apropriado do pragmatismo pombalino (vigente sobretudo no

04/05/1888 [p. 676– 680], p. 680]. Disponível em: http://www.museuimperial.gov.br/palacio/arquivo-historico/2-arquivo-da-casa-imperial-do-brasil.html

29 PINTO, Jefferson de Almeida. Abrindo as portas da Casa de Rilhafoles: os lazaristas eo movimento jacobeu em Portugal no século XVIII. *Passagens* – Revista Internacional de História Política e Cultura Jurídica, v. 12, n. 2, p. 271-295, 2020. PINTO, Jefferson de Almeida. O ultramontanismo levanta a viseira: os Lazaristas e a questão religiosa no Segundo Reinado. In: NEDER, Gizlene; SILVA, Ana Paula Barcelos Ribeiro da; SOUSA, Jessie Jane Vieira de (orgs.). *Intolerância e cidadania*: secularização, poder e cultura política. Rio de Janeiro: Autografia, 2015, p. 46-86.

ensino da formação em Leis[30]) e, ao mesmo tempo, padecia de forte dilema sobre religioso que o impedia de ser o legislador para o encaminhamento do processo de secularização dos casamentos.

Outro reformador: Barão de Penedo e as negociações sobre os casamentos mistos

Francisco Ignácio de Carvalho Moreira, o Barão de Penedo, realizou duas viagens a Roma para resolver conflitos entre o Império brasileiro e o campo religioso católico ultramontano. A primeira foi uma viagem oficialmente de férias (em 1857). Penedo fora enviado a Roma numa missão secreta, para, pegando os diplomatas da Santa Sé de surpresa, colocar os problemas do governo imperial frente às restrições aos casamentos mistos. A segunda viagem ocorreu em 1973, para negociar os conflitos decorrentes da crise do governo imperial com os bispos de Olinda e do Grão-Pará e Maranhão, designado pela historiografia brasileira (inclusive a do tempo presente), como "Questão Religiosa". Fora caracterizada pela governação imperial e pelos opositores ao conservadorismo clerical de então como "Questão dos Bispos". Como podemos facilmente verificar, a hegemonia do campo católico impôs-se e a nomenclatura da "Questão Religiosa" continua sendo reproduzida pela historiografia corrente (dos livros didáticos às teses e dissertações produzidas pelos programas de pós-graduação, em que se realizam pesquisas de ponta no campo dos estudos históricos no Brasil).

O objetivo da governação imperial em 1857 era ampliar as dispensas matrimoniais para casamentos mistos.[31] Sendo o catolicismo a religião oficial do Império, e com a falta de um Código Civil moderno, a Igreja era responsável pelos registros civis, como os de matrimônio e os de nascimentos (como dissemos). O Direito Civil Eclesiástico se mostrava um empecilho para a imigração de estrangeiros não católicos e prejudicava imensamente os direitos civis de imigrantes residentes no Brasil. Isso porque, ao não ser amparado pelo Direito Civil Eclesiástico,[32] os casamentos de protestantes geravam, nas palavras do

30 Desde a reforma pombalina do ensino jurídico, a Faculdade de Direito de Coimbra formava duas especializações: Lei e Cânones. NEDER, Gizlene. *Iluminismo Jurídico-Penal Luso-Brasileiro*: obediência e submissão. Rio de Janeiro: Freitas Bastos/Instituto Carioca de Criminologia, 2000. (Coleção Pensamento Criminológico)

31 MENDONÇA, Renato. *Um diplomata na corte de na corte da Inglaterra*. 2. ed. v. 74. Brasília: Edições do Senador, 2006 [1946], p. 156-163.

32 ALMEIDA, Cândido Mendes de. *Direito Civil Ecclesiástico Brazileiro Antigo e Moderno em suas relações com o Direito Canônico*. 4 v. Rio de Janeiro: Garnier, 1866-1873.

Visconde de Maranguape (Caetano Maria Lopes Gama, 1795-1867), "[...] *mero concubinato*".[33] Senador (o cargo era vitalício) por Alagoas, a crítica do visconde reforçava a posição de outro conterrâneo, Aureliano Cândido Tavares Bastos (1839-1875), que defendeu a imigração protestante e a separação entre Igreja e Estado no Brasil. Ambos puderam acompanhar os debates em torno da lei do casamento civil, aprovada em 1861 (entrou em vigor em 1863), que acabou sendo praticamente inócua. Numa manobra jurídica, os políticos da reação católica introduziram um dispositivo para a validação de casamentos entre protestantes de forma restritíssima. Os pastores autorizados a realizar tais casamentos eram pouquíssimos e seus efeitos jurídicos inexpressivos, tendo em vista que o sacramento do casamento fora excluído das igrejas reformadas no século XVI.

O Barão de Penedo pertencia à rede de sociabilidade política de outros reformadores de meados do século XIX, liderados por Eusébio de Queiroz (velha liderança do Partido Conservador), que articulava a atuação política de Penedo e de José Tomás Nabuco de Araújo na política imperial. Junto do Visconde do Rio Branco, mas também com Tavares Bastos, atuaram fortemente para empreender as reformas (política, jurídica, educacional, eleitoral, do recrutamento militar) e confrontaram o clero conservador.

A "Missão Penedo" foi inicialmente vivenciada como vitoriosa por ele e pela governação imperial, uma vez que Penedo conquistou a simpatia de dois personagens da Santa Sé que seriam de extrema relevância na questão dos bispos – o Cardeal Antonelli e o próprio papa Pio IX.[34] Alardeou que haviam sido ampliadas as dispensas matrimoniais para os casamentos mistos de 10 a 12 por ano para 34 a 38 por ano... Mas contou logo com forte oposição e desqualificação nos debates públicos nos quais a reação católica expressava-se com veemência.

Penedo fora um dos grandes políticos do Brasil Império. Viveu sua infância nos engenhos da família em Alagoas durante a estadia de D. João VI no Rio de Janeiro. Passou a adolescência em meio à crise do governo D. Pedro I. Durante o período regencial, fez-se advogado em Olinda; filiou-se ao Partido Conservador ainda nos primeiros anos do Segundo Reinado. Atuou na política externa como embaixador brasileiro em Londres no apogeu do Império – e quando o mesmo acabou, retirou-se da vida política. Ainda assim, viveu mais 16 anos para presenciar em sua senectude o curto declínio da diplomacia brasileira logo após a proclamação da República, e seu novo momento de recu-

33 AHI, LATA 556, MAÇO 2, PASTA 2.

34 MENDONÇA, Renato. *op. cit.*, 2006.

peração a partir do governo Prudente de Morais, com a nomeação de Joaquim Nabuco e José Maria da Silva Paranhos Júnior (o Barão do Rio Branco) para a atuação no Ministério das Relações Exteriores. Justo eles que, sendo monarquistas, foram convocados pela governação republicana. Mais jovens que Penedo e tendo iniciado a carreira diplomática sob a batuta do velho diplomata, amigo de seus pais, não escolheram o exílio interno da vida pública, tal como o fez Penedo.

A "Questão Religiosa" foi, no plano ideológico, responsável pelo esmorecimento do Gabinete 7 de Março (1871-1875), que, sob a liderança do Visconde do Rio Branco, maçom, defendeu veementemente a condenação dos bispos. Pelo regime de padroado, a insubordinação dos jovens bispos de Olinda (D. Vital) e do Pará (D. Antônio Macedo da Costa) frente à exigência que impuseram de que os clérigos maçons deviam abdicar da maçonaria, passando por cima do imperador, exigia que fossem punidos. A crise foi para o Parlamento e instalaram-se os primeiros e mais fortes questionamentos à coroa bragantina no Brasil. O imperador apoiou a imposição das penas, sustentando a demonstração de soberania do governo imperial e subordinação da Igreja, de acordo com os regimes de beneplácito e padroado aprovados na Constituição de 1824. Os bispos foram condenados em 1874 a quatro anos de prisão. Contudo, a pressão dos parlamentares em defesa dos bispos, exercida pelo setor católico conservador dentro do Parlamento, forçou o governo a reduzir as penas de D. Vital e D. Macedo Costa.

Em setembro de 1873, ao ser convocado pelo governo a ir resolver a pendência com os bispos na Santa Sé, Penedo diz claramente a D. Pedro II: "[...] não tenho grande esperança de bom êxito".[35] A partir das cartas analisadas, porém, vê-se que ao iniciar as conversas com o Papa, o Barão de Penedo confiava que conseguiria atenuar as tensões nas visitas a Pio IX e ao Cardeal Antonelli, secretário de Estado da Santa Sé. Contudo, sabe que o insucesso de sua missão está intimamente ligado aos debates ocorridos no Parlamento Brasileiro. Em uma carta-resposta dirigida a Rio Branco, Penedo, seguindo a linha de raciocínio do visconde, o qual lhe informa da situação vigente no Brasil, diz claramente:

> [...] vejo a direção desastrada que a política da nossa terra está dando à questão religiosa, quando temos obtido uma tão favorável solução. É realmente infernal, como diz V. Exª, a lógica dos Ganganellis[36] e Ultramontanos.[37]

35 Ibidem, p. 238.

36 Ganganelli era o pseudônimo de Saldanha Marinho, um dos advogados do governo imperial no julgamento dos bispos.

37 Arquivo Histórico do Itamaraty (AHI), LATA 556, MAÇO 2, PASTA 7.

O barão enxerga sucessos na missão, por meio de sua capacidade de negociação, mas sabe que as interferências, seja do bloco romanista, liderado por Cândido Mendes, Zacarias de Góes e Vasconcellos e o Monsenhor Pinto de Campos, ou do bloco regalista, encabeçado por Saldanha Marinho, estavam a minar quaisquer esperanças de uma solução "pacífica" entre a Igreja Católica e o governo imperial.

A pena dos bispos foi reduzida, sendo estes postos em liberdade em questão de meses. Penedo conteve a pressão eclesiástica em Roma, mas o embate com a Igreja dentro do Brasil talvez fosse muito além de um mero litígio sobre a maçonaria. Constituiu, de fato, uma disputa pela soberania de ambos os atores políticos implicados: a soberania nacional frente às reivindicações de secularização do campo político e jurídico e a soberania da instituição eclesiástica em face do regime de padroado que a subordinava à monarquia imperial brasileira. D. Vital, anos depois, vai a Roma, revestido de toda a heroicidade do catolicismo pelo enfrentamento ao governo imperial que empreendeu, e conversa pessoalmente com o Papa Pio IX. D. Macedo Costa produz uma réplica às memórias que o Barão de Penedo publicada em 1881[38] sobre os eventos de oito anos antes. Em seus escritos, o bispo reconhece nas letras de Penedo que a missão estava condenada ao fracasso. Vai além, dizendo que a tendência da Igreja era a sua relativa autonomia frente ao Estado. Autonomia que a mesma conquista durante a Constituição de 1891, na República, que instituiu a separação entre Estado e Igreja.[39]

Reformadores do catolicismo ilustrado *versus* conservadorismo clerical

Tanto em Portugal quanto no Brasil encontramos livros, artigos e ensaios que esgrimam a problemática da secularização dos casamentos. Ao mesmo tempo, os autores portugueses e brasileiros têm de levar em conta alguns aspectos paradoxais.[40] O mais importante deles é explicar a combinação de

38 MOREIRA, Francisco Ignácio de Carvalho. *Missão especial a Roma em 1873*. Londres: Typographia de A. Kingdon e Ca., 1881, p. 165.

39 COSTA, Antônio de Macedo. *A questão religiosa perante a Santa Sé ou a missão especial a Roma em 1873 à luz de documentos publicados e inéditos pelo Bispo do Pará*. Lisboa: Lallemant Frères, 1886.

40 Trabalhamos esta interpretação em: NEDER, Gizlene. Fogo cruzado: a secularização do direito de família no Brasil e em Portugal. In: THIESEN, Icléia; SOARES, Joice de Souza; GONÇALVES, Gonçalo Rocha (orgs.). *História, memória, instituições*: fronteiras Brasil-Portugal. Rio de Janeiro: 7Letras, 2018. p. 111-134.

uma forte e sólida formação jurídica de tradição romano-germânico-canônica (em Coimbra – desde o século XVI –; e em Recife ou São Paulo – as duas Faculdades de Direito criadas em 1827 no Brasil) com o adiamento da adoção de Códigos Civis e Criminais modernos nas duas formações históricas na passagem à modernidade, desde a virada do século XVIII para o XIX. Não que a discussão acerca do constitucionalismo não estivesse presente no mundo luso-brasileiro daquele contexto. Ou mesmo que os principais autores iluministas do resto da Europa não fossem lidos ou referidos pelos intelectuais luso-brasileiros, implicando um fechamento obscurantista da parte deles. Não se trata, a nosso juízo, de uma mera questão de defasagem (no caso de Portugal) ou de dupla defasagem no caso do Brasil, considerado uma formação social mais longínqua que Portugal dos principais centros hegemônicos de produção de ideias na Europa.

A modernização e a renovação no ensino jurídico introduzida no período pombalino significaram, em Coimbra, uma redefinição modernizante do perfil da intelectualidade luso-brasileira, do ponto de vista metodológico (pelo diálogo estabelecido com a Ilustração), sem, contudo, produzir efeitos de ruptura com o viés autoritário e conservador do padrão de obediência e submissão, marcado pela presença do conservadorismo clerical. Nesse sentido, identificamos, no esforço de modernização da legislação empreendido pelos reformadores luso-brasileiros do campo do Direito, algumas opções pelas novas formas de redação, classificação e organização dos Códigos Civis e Criminais modernos. Contudo, se na forma os Códigos expressavam a modernidade, o mesmo não ocorria com o conteúdo substantivo das legislações que foram elaboradas nos pontos-chave da resistência às mudanças pretendidas. No caso do Direito de Família, o núcleo duro da resistência à mudança residia na consideração do casamento como um sacramento.

A posição que se apresentou junto a este amplo processo de transformação, e a mais importante para o caso dos reformadores luso-brasileiros, foi a que acompanhou a vaga modernizante dos Códigos e leis, privilegiando a forma. Em vista disso, o conservadorismo manifestou-se a partir da preservação do conteúdo substantivo no Direito de Família das concepções jurídicas, políticas e ideológicas que foram vigentes, por séculos, na cristandade ocidental. Estas concepções eram inculcadas por meio dos escritos de teólogos moralistas e do código canônico (de tão longa vida), compilado no século XIII e que vigorou até 1917. Ao mesmo tempo, este pêndulo entre a forma moderna e o conteúdo conservador colocou os juristas reformadores luso-brasileiros como verdadeiros malabaristas na arte de debater, argumentar e de fazer leis. Tinham de combinar interesses de diferentes forças políticas internas (incluindo a Igreja) com a pressão internacional para mudança (no caso, as pressões advindas das deliberações do Congresso de Viena para um Direito Internacional que se anunciava secularizado). Junte-se a isso tudo o fato de que estes juristas sofriam com questões de foro íntimo, que os colocavam em posições de vivenciar contradições, algumas vezes irreconciliáveis, entre suas crenças religiosas e as posições e funções públicas que exerciam como juristas e funcionários do Estado. Não foram poucos os ataques e as acusações de ateísmo, vindos da reação católica em Portugal e no Brasil, que recebeu o Visconde de Seabra, autor do projeto do Código Civil Português. Isso porque o ponto nevrálgico e insolúvel da discórdia residia no dispositivo sobre o casamento misto. Apesar de todo o malabarismo e o cuidado do autor em não desfazer a validade jurídica do casamento religioso, a admissão do casamento misto (entre católicos e não católicos) e do registro civil, ou casamento civil, encontrava uma indisposição afetiva entre os juristas luso-brasileiros conservadores. Esta era a posição de Augusto Teixeira de Freitas.

Aliás, neste impasse, a nosso juízo, repousa a longa espera de um Código Civil moderno no Brasil. Isso porque, sob a influência do iluminismo jurídico, aprovou-se no Brasil recém-emancipado de Portugal, em 1830, o Código Criminal. Para a área do Direito de Família, entretanto, esperou-se quase um século mais. Durante praticamente todo o restante do século XIX (e até 1916, quando, enfim, o Código Civil Brasileiro foi aprovado) as Ordenações Filipinas de 1603 vigoraram no Brasil para o Direito de Família. Uma sobrevida que não teve sequer em Portugal que as substituiu pelo Código Civil, em 1867.

De fato, na virada do século XVIII para o século XIX, tanto em Portugal quanto no Brasil abriram-se discussões sobre a reforma da legislação na área do Direito de Família. A modernização da codificação francesa pressionou ideologicamente para alterações a serem empreendidas. A resistência do conservadorismo clerical aos ventos da modernidade foi enorme (nas duas formações históricas estudadas). Os juristas esgrimiram seus argumentos em torno, sobretudo, da legitimação do casamento civil.

Pensamos que justamente no que concerne a este ponto é que se opôs Augusto Teixeira de Freitas na crítica virulenta, até mesmo pessoal, a António Luís de Seabra, mais pela proposição de "casamento misto" que faz no Código Civil Português, do que ao fato de ele ter sido convidado pelo imperador para pronunciar-se sobre o seu projeto de Código Civil Brasileiro. Aquilo que é visto pelo Código Napoleônico como atraso no documento português ("casamento misto"), é visto como liberalidade inadmissível por Teixeira de Freitas no seu esboço de Código Civil Brasileiro.

Para Augusto Teixeira de Freitas, parece haver concordância entre a concepção de filiação que partilha e a representação mítica que nos é transmitida no Cristo e na Sagrada Família das representações tradicionais da Europa medieval e confirmada na "vida de Cristo" pós-medieval. A maternidade é considerada visível, segura, real, concreta, enquanto a paternidade é vista sob o prisma da incerteza, da angústia, da obscuridade, da insegurança. A revelação da paternidade condiciona a sua legitimação. Esta revelação vem envolta numa deliberação de poder.

Por outro lado, a crítica de Augusto Teixeira de Freitas ao Visconde de Seabra[41] se associa às críticas feitas pelo jurista português Alberto António de Moraes de Carvalho, um dos mais importantes opositores de Seabra em Portugal.[42] Seabra justifica-se dizendo que Augusto Teixeira de Freitas tem um estilo "asiático" (ácido, azedo), acumulando vários incidentes quase "homéricos"; além de ser demasiado versátil e inconsistente nas suas ideias. Acusa-o também de frequentemente romper e cortar o fio da discussão saltando de umas tantas coisas a outras.[43]

Em nosso entender, a crítica de Freitas de que Seabra vale-se de uma sinédoque,[44] ao considerar Direito Civil o que, na verdade, seria Direito Privado, encobre a questão principal: essa seria a do casamento como contrato. Seabra se defende:

> Nós dissemos que o matrimônio não podia ser considerado pelo direito civil senão como um contrato, e de fato, fora deste ponto de vista, não pode entender-se como possa ocupar-se dele o mesmo direito civil, porque exorbitaria dos limites que lhe são assignados pela natureza das coisas.[45]

E cita o artigo do projeto do Código Civil Português que reza expressamente: "o casamento é um contrato de direito natural que a lei da Igreja abençoa e santifica". Seabra defende o nexo entre o casamento e a teoria romana do status, do que Freitas discorda, e sustenta que [...]

> [...] no direito romano a filha, como o filho, está na família do seu pai; aí fica sempre, antes e depois do casamento; e como os filhos que nas-

41 SEABRA, António Luís de. *Novíssima Apostila em resposta à diatribe do Sr. Augusto Teixeira de Freitas contra o código civil português*. Coimbra: Imprensa da Universidade, 1859, p. 9. Biblioteca Nacional de Lisboa, cód. 9080 SC.

42 FREITAS, Augusto Teixeira de. *Nova Apostilla à Censura do Sr. Alberto António de Moraes Carvalho sobre o Projecto de Código Civil Portuguez*. Rio de Janeiro: Typographia Universal de Laemmert, 1859.

43 SEABRA, António Luiz de. *op. cit.*, p. 7.

44 Ibidem, p. 9.

45 Ibidem, p. 160.

cem da mulher se acham na família de seu marido, seguia-se que o filho não era jamais da família da mãe; entre eles não havia parentesco civil; são parentes segundo a *natureza-cognati* mas não parentes segundo a *lei-adgnatis*.[46]

Se no Código Napoleônico temos a separação completa entre o casamento civil (contrato) e o casamento religioso, admitido o divórcio, no Código Português, redigido por António Luís de Seabra, temos um meio caminho entre uma tal concepção e aquela, estrita, do Direito Canônico, abraçada por Augusto Teixeira de Freitas.

Admite, entretanto, não ter ido tão longe, considerando que a religião do reino era a Católica Apostólica Romana (Art. 6 da Carta Constitucional) e formalmente declarava-se que os efeitos jurídicos do contrato só se produziriam com a "bênção e santificação da Igreja", conforme já assinalado. Uma tão forte inibição não bastava para Augusto Teixeira de Freitas.

O convite do imperador para que Seabra lesse e ponderasse sobre o projeto de Código Civil Brasileiro, elaborado por Freitas, foi considerado ato ignóbil e constituiu-se, talvez, a gota d'água para interromper o seu desejo de obra jurídica perfeita e motivo suficiente para que a deixasse inacabada.

Em episódio anterior, diante da demora na conclusão dos trabalhos de elaboração do projeto de Código encomendado por D. Pedro II a Augusto Teixeira de Freitas, o imperador solicitou um comentário ao Visconde de Seabra, autor do projeto do Código Civil Português. Tal solicitação provocou a ira do jurista brasileiro que escreveu um panfleto manifestando sua discordância com a atitude do governo, intitulado "Pedro quer ser Augusto".[47] Neste panfleto, Augusto Teixeira de Freitas faz ataques pessoais ao imperador e enfatiza o que seria para ele a dúbia nacionalidade do jurista luso-brasileiro (que havia nascido no meio do Atlântico, em viagem entre Lisboa e Rio de Janeiro), numa clara tentativa de desqualificação do pensamento do Visconde de Seabra. Não podemos deixar de mencionar que, também em Portugal, Seabra recebeu duras críticas de segmentos ligados ao conservadorismo clerical e que seu projeto não foi aprovado por unanimidade na Comissão Revisora, encarregada de emitir parecer sobre ele. As discordâncias apresentadas situaram-se, igualmente, no âmbito das resistências psicoativas ante a consideração da possibilidade de realização do casamento civil.

Sublinhe-se, sobretudo, a importância desta modernização frente às pressões das orientações internacionais emitidas pelo Congresso de Viena, tendo

46 Ibidem, p. 161.

47 FREITAS, Augusto Teixeira de. *Pedro quer ser Augusto*. Rio de Janeiro, 1872. (Opúsculo)

em vista a salvaguarda de direitos civis de europeus em processos emigratórios em meados do século XIX. Embora a política imigratória brasileira tenha sempre considerado os aspectos religiosos e étnicos (com uma clara preferência pelo branqueamento populacional), a fórmula conciliatória dos casamentos mistos (na forma como acabaram sendo encaminhados pelo Visconde de Seabra – religioso com validade jurídica, e opção pelo casamento civil em se tratando de não católicos) não agradou muitos juristas conservadores.

A moldura das práticas de controle e disciplina deve ser buscada na Igreja e em sua forte influência na cristandade europeia. Se Michel Foucault[48] situa o nascimento da prisão nas casas de correção, no século XVI, seu amigo Philippe Ariès[49] sublinha a importância do Concílio de Trento (1545-1563) na definição de uma estratégia civilizatória da Igreja Romana, tendo em vista a delimitação de um modelo de família e os padrões de controle de comportamento social e sexual.

Os desdobramentos da questão jurídica a partir de uma consideração mais ampla das questões relativas ao controle e à disciplina, fora da prisão, foram apontados por Michel Foucault e Arlette Farges,[50] além de Pierre Legendre.[51] As sutilezas dos micropoderes insinuados a partir da "docilidade dos corpos"; a arte das distribuições, por meio dos colégios, quartéis, do controle dos horários, vigilância hierárquica, jogo do olhar e tantas outras tecnologias de controle lançam-nos, de um lado, à rua, e ao controle do espaço urbano pela polícia. De outro, somos também convidados a refletir sobre estas mesmas questões sob quatro paredes: a institucionalização jurídica da família na passagem à modernidade.[52]

O atraso na modificação do Código Civil no Brasil deve-se às dificuldades encontradas pelos reformadores do campo jurídico em articular as restrições que a visão moderna de direitos da pessoa (eivada de individualismo) impôs ao Direito de Família, ao casamento e ao pátrio poder, que, no Brasil, manteve-se fundado numa concepção ainda medieval sobre autoridade na família.

As dificuldades de Augusto Teixeira de Freitas, autor do primeiro projeto de Código Civil para o Brasil, não ficaram longe do quadro analisado. As con-

48 FOUCAULT, Michel. *Vigiar e Punir*: nascimento da prisão. Petrópolis: Vozes, 1978.

49 ARIÈS, Philippe. *História Social da Criança e da Família*. Rio de Janeiro: Zahar Editores, 1978.

50 FOUCAULT, Michel; FARGES, Arlette. *Le désordre des familles*: Lettres de Cachet des Archives de la Bastille. Paris: Gallimard, 1982.

51 LEGENDRE, Pierre. *Le dossier occidental de la parenté*. Paris: Fayard, 1988.

52 BURGUIÈRE, André; LEBRUN, François. As mil e uma famílias da Europa. In: BURGUIÈRE, André; SEGALEN, Martine (orgs.). *História da Família*. 3. v. Lisboa: Terramar, 1998. p. 15-82.

cepções modernas no campo do Direito de Família tinham no individualismo do Código Napoleônico sua base primeira de sustentação. Junto com a expansão napoleônica pela Europa na virada do século XVIII para o XIX, ocorreu uma grande expansão do ideário revolucionário que forçou o processo de secularização, mesmo em formações sociais fortemente controladas pela Igreja, como era o caso de Portugal (e Brasil), Espanha e Itália.[53] De outro lado, os obstáculos de ordem emocional e afetivo-religiosa de Augusto Teixeira de Freitas e de vários outros juristas e clérigos revelam uma enorme dificuldade de aceitar a ideia de casamento fora do controle da Igreja. Estes obstáculos afetivo-religiosos foram decisivos para o fracasso do primeiro projeto de Código Civil no Brasil.

As ideias jurídicas iluministas não escaparam destas disputas entre os juristas, suas nacionalidades e religiosidades, atravessadas pelas apropriações culturais múltiplas.

53 SAINT-JOSEPH, Anthoine de. *Concordance entre les codes civils étrangers et le code napoléon*. 4 tomos. 2. ed. Paris: Cotillon, Librairie du Conseil d'État, 1856.

CAPÍTULO II

ALEXANDRE HERCULANO: CONTRA O CENTRALISMO MONÁRQUICO E A FAVOR DO LIBERALISMO (*MA NON TROPPO*)

Se Alexandre Herculano havia se tornado um símbolo das lutas contra o centralismo monárquico e de defesa do liberalismo em Portugal,[54] sua participação na Comissão Revisora do Código Civil constituiu um divisor de águas em sua inserção no campo intelectual português.

Entretanto, em Portugal (como no Brasil), os intelectuais envolvidos na elaboração, revisão e aprovação de codificações civis sofreram forte campanha de desqualificação moral e intelectual, oriunda do conservadorismo clerical. Nesse ponto, vários problemas relacionados ao reconhecimento e ao ressentimento, muito comuns entre intelectuais, podem ser verificados.[55] Alexandre Herculano foi muito atacado, especialmente por lideranças políticas do clero português. Optou, em 1867, por um autoexílio, uma opção individual de retirada de cena dos debates do campo intelectual português.[56]

Todavia, a atuação e o pensamento político de Alexandre Herculano como um todo foram alvo de disputas políticas que estamos situando como parte do processo de secularização em Portugal que ecoa no Brasil.

---

54 SERRÃO, Joaquim Veríssimo. *Herculano e a Consciência do Liberalismo Português*. Amadora: Bertrand, 1977.

55 Trabalhamos com outras duas situações de "exílio voluntário", quando a opção de saída de cena implicou um autoexílio dentro do próprio país. O "exílio" de Clóvis Beviláqua (NEDER, Gizlene. Clóvis Beviláqua: redes de sociabilidade política, reconhecimento e ressentimento. *Revista do Instituto Histórico e Geográfico Brasileiro*, v. 178, p. 125-156, 2017). O "exílio" em Lisboa de Paulo Merêa (historiador do Direito em Portugal, que se retira da cena universitária em Coimbra e vai para Lisboa). NEDER, Gizlene. *op. cit.*, 2011, p. 29-104.

56 MACEDO, Jorge Borges de. *Alexandre Herculano, Polémica e Mensagem*. Amadora: Bertrand, 1980.

Levantamos uma possibilidade de releitura dos autores (brasileiros e portugueses) envolvidos nas querelas de meados do século XIX, pela observação preliminar que já pudemos realizar do posicionamento de Alexandre Herculano em relação ao casamento civil. Nos escritos legados pelas controvérsias da Comissão Revisora do projeto de Código Civil, há a possibilidade de identificarmos um posicionamento de Herculano bem mais próximo do liberalismo conservador (afeito ao catolicismo ilustrado) do que do liberalismo radical. Pensamos ser possível aventar que Alexandre Herculano, quando sopesou a virulência da difamação produzida pela oposição do conservadorismo clerical ao projeto de Código Civil, preferiu assacar uma afirmação historicista de que a legislação antiga de Portugal sempre contemplou o casamento civil, deixando o ônus político de defesa do projeto ao Visconde de Seabra.

Tomaremos, portanto, como ponto de observação deste processo de secularização o posicionamento dos agentes históricos implicados na secularização dos casamentos. Em face deste recorte, definimos a temporalidade da pesquisa para o período que vai de 1846 (ano da publicação de *História de Portugal* – que distingue Alexandre Herculano como o introdutor da historiografia moderna, dita científica, em Portugal) a 1890 (ano de introdução do casamento civil no Brasil). Sublinhe-se que a lei do casamento civil foi aprovada no Brasil dentro de um contexto de mudança do regime político de Monarquia para República, um ano antes da aprovação da primeira Constituição republicana, em 1891. Temos interpretado este ato (bastante casuístico, se nos determos nos princípios do paradigma legalista que prevê a antecedência da lei maior, a Constituição, antes de qualquer outra codificação) como uma salvaguarda para o campo católico-romano. Rui Barbosa, depois de intensa participação na maçonaria e nos combates ao conservadorismo clerical, na juventude, e, mais tarde, após uma "reconversão", tal como já o fizera seu amigo Joaquim Nabuco, assumiu a liderança dos interesses "civilistas" (quer dizer, do catolicismo romano) frente à atuação expressivamente anticlerical do positivismo dos militares que empalmaram o poder no início do regime republicano; antecipou a garantia de que o divórcio não seria aprovado na legislação civil brasileira.

Neste capítulo, daremos uma especial atenção aos três tomos de *História da Origem e Estabelecimento da Inquisição em Portugal* (1854/1859), em que gostaríamos de confrontar o autoritarismo da Inquisição com o liberalismo proclamado por Herculano.

Os embates pela introdução do casamento civil no Brasil (como em Portugal) datam da década de 1850, e Portugal teve seu Código Civil aprovado em 1867 (entrando em vigor em 1868). No Brasil, o Código Civil só foi aprovado em 1916, ou seja, 49 anos depois do documento português. No caso brasileiro, sobretudo, a economia dependia do fornecimento externo de mão de obra, com a extinção do tráfico de escravos em 1850 (com a Lei Eusébio de Queirós), sendo a imigração europeia uma saída contingente. Neste contexto, a introdução de uma codificação civil moderna tornou-se urgente e necessária. A ideia de casamento como sacramento, conforme defendia o campo católico conservador, obstaculizava a aplicação de uma política imigrantista massiva, que implicava trabalhadores vindos de formações históricas europeias abrangidas pela Reforma Protestante. Esta era a visão de um Aureliano Tavares Bastos; de um José Tomás Nabuco de Araújo e do próprio imperador D. Pedro II.[57]

No acervo do Arquivo Histórico do Museu Imperial de Petrópolis, na *Coleção de Documentos do Imperador D. Pedro II*, encontramos anotações de seu próprio punho para um projeto de Código Civil. Do mesmo modo, encontramos uma vasta documentação sobre imigração protestante, com muitos ofícios dirigidos diretamente ao imperador, dando ciência das dificuldades dos imigrantes não católicos. Nos *Diários do Imperador*, estão registradas anotações sobre sua viagem à Europa em 1871. Na passagem por Lisboa, recebe a visita de Alexandre Herculano, quando discutiram a questão do casamento civil. Portugal já havia aprovado um Código Civil moderno. E já que o Brasil introduziu o Código Civil somente em 1916, acabou utilizando as Ordenações do Reino de Portugal (de 1603) para o Direito de Família até esse ano.

Além de D. Pedro II, outros intelectuais brasileiros referem e se correspondem com Alexandre Herculano; quase todos envolvidos nos debates sobre o casamento civil: o padre Joaquim Pinto de Carvalho,[58] um dos mais ferrenhos defensores da ideia de casamento como sacramento. Saldanha Marinho, um dos críticos do conservadorismo clerical mais articulados intelectual e politicamente; maçom e envolvido nas disputas entre Igreja e Estado no Brasil, cita Alexandre Herculano no seu escrito mais conhecido (*A Igreja e o Estado*)[59] e em artigos para a imprensa. No *A Igreja e o Estado*, Saldanha Marinho dedica um capítulo a Herculano, intitulado "Alexandre Herculano e o ultramontanismo".[60] Alexandre Herculano, por sua vez, além de historiador, foi jornalista e manteve uma contribuição com periódicos portugueses preocupados com as

57 NEDER, Gizlene. *op. cit.*, 2016.

58 Cf. VIANA, Hélio. Cartas de Alexandre Herculano para Joaquim Pinto de Carvalho. *Revista Brasileira de Cultura*, n. 4, abril-junho, 1970. Arquivo Histórico do Instituto Histórico e Geográfico Brasileiro (IHGB), Acervo Hélio Viana. Notação: DL1369.019.

59 MARINHO, Saldanha. *A Egreja e o Estado*. Rio de Janeiro: Typ. Imp. Et Const. De J. C. Villeneuve & c., 1873.

60 Ibidem, p. 97-125.

relações luso-brasileiras, como o *Ilustração Luso-Brasileira*, editado por António José Fernandes Lopes, publicado durante três anos (1856, 1858 e 1859), sendo um dos seus objetivos captar e revelar a intelectualidade e o público brasileiro.[61]

Seguiremos a ideia – já bastante comprovada pela historiografia brasileira – de persistência de fortes vínculos entre o campo intelectual brasileiro com o português, em meados do século XIX; especialmente se dirigimos nossa observação para o campo jurídico, mesmo já passadas algumas décadas depois da independência do Brasil. Nas relações do campo intelectual das duas formações históricas em tela (Brasil e Portugal), a formação em Humanidades era feita nas faculdades de Direito (Coimbra, e as duas faculdades de Direito criadas no Brasil pós-independência [em 1827], no Recife e em São Paulo; além dos seminários que formavam o clero). As duas faculdades criadas no Brasil apropriaram o currículo de Coimbra, abrangido pela Reforma Pombalina.[62] Nesse sentido, os debates do campo político e intelectual que se realizam no Brasil repercutem em Portugal, e vice-versa. Os embates políticos e de ideias acirram-se a partir da década de 1850. O tema que dominava os debates era a secularização dos casamentos. A introdução do casamento civil era demandada pela necessidade de modernização que se impunha frente à dependência da economia brasileira de fornecimento externo de mão de obra, como dissemos. Desde 1850, a implementação de uma política imigrantista implicava a aprovação de um Código Civil moderno. Esperado desde o primeiro momento da independência do Brasil em 1822, dele dependia a conclusão da construção de uma institucionalidade moderna, a se inscrever num processo de secularização dos mais disputados nas duas margens do Atlântico.[63]

O pomo das controvérsias (Tanto no Brasil quanto em Portugal) situava-se na questão do casamento civil, que retirava o caráter religioso (casamento como sacramento), substituindo também a prerrogativa da Igreja nos registros civis (de nascimento, morte, casamento, tutela, herança, etc.). Decorria daí outro aspecto jurídico importantíssimo para a modernização, e no caso do Brasil, crucial para a implantação de uma política imigratória massiva: a introdução na legislação civil para os casamentos mistos, quer dizer, casamentos de católicos com pessoas de outras religiões. A secularização dos casamentos constitui ponto nevrálgico de tensão social e política no qual temos concentrado nossas pesquisas, tendo sido abordado em três livros de nossa autoria.[64]

---

61 BAPTISTA, Jacinto. *Alexandre Herculano Jornalista*. Amadora: Bertrand, 1977.

62 NEDER, Gizlene. *op. cit.*, 2000.

63 NEDER, Gizlene; CERQUEIRA FILHO, Gisálio. *op. cit.*, 2007.

64 Ibidem; NEDER, Gizlene. *op. cit.*, 2011; NEDER, Gizlene. *op. cit.*, 2016.

Tanto em Portugal quanto no Brasil, o ímpeto reformador que acompanhou a passagem à modernidade estabeleceu um diálogo com as principais correntes de pensamento na Europa. Procuraremos identificar, analisar e correlacionar o processo histórico de circulação de ideias e apropriações culturais empreendidos pelo campo intelectual luso-brasileira referido à secularização da política e da sociedade nas duas formações históricas.

Mas como dissemos no título *A recepção da obra de Alexandre Herculano no Brasil*: secularização dos casamentos, religião e cultura política, mas não só..., queremos prospectar mais além.

Em 1853 ocorreu um fato decisivo na vida do historiador.[65] A Academia de Ciências de Portugal tinha Herculano não apenas como sócio efetivo, mas também como vice-presidente perpétuo. Pairava no ar a suspeição de que um "funcionário" seu se apropriara de documentos da corporação e que ele decidira suspendê-lo. A suspeição ricocheteava no próprio Herculano em conversas entredentes, havendo, pois, acusações mútuas. Por um lado, o episódio, ao que parece, nunca foi totalmente esclarecido, e o antigo companheiro de Herculano tornou-se seu inimigo pessoal. De outro, no entanto, quem o nomeava era ninguém menos que Rodrigo da Fonseca Magalhães, a maior liderança política da "regeneração", liberal de nomeada, sócio emérito da Academia de Ciências. O fato é que o governo português de então decide pela nomeação de Joaquim José da Costa Macedo (1777-1867) – que, por seu turno, era também sócio efetivo, além de secretário perpétuo da referida Academia, para o cargo de diretor da Torre do Tombo.

Recorde-se que este último havia sido o autor do projeto constitucional de 21 de outubro de 1820.[66] Alexandre Herculano acusou o golpe, e sentiu-se ultrajado pela deliberação que considerava de violência inaudita para o pioneiro da história de Portugal. Acreditava que moralmente lhe estava barrado o acesso à principal fonte dos seus estudos. Num espírito emotivo e cálido no mais alto grau, apaixonado (*pathos*) mesmo pelas pesquisas históricas que então realizava, não restou alternativa senão a vivência chocante e traumática do ocorrido. "Senti que estavam vedando a principal origem documental existente", dissera Herculano.

Apesar disso,

---

65 HERCULANO, Alexandre. *Sôbre história e historiografia*. Prefácio de António Sérgio. Lisboa: Seara Nova, 1937. (cota HG25072P)

66 Ver como leitura complementar o *Dicionário de historiadores portugueses*, disponível em: http://www.academia.edu/6742675/MACEDO_JOAQUIM_JOS%C3%89_DA_COSTA_DE_1777-1867_Dicion%C3%A1rio_de_Histόriadores_Portugueses. Acesso em: 20 mar. 2024.

> [...] em sua viagem pelas províncias no Norte e na Beira, recolhe os arquivos existentes nos mosteiros e os manda transladar para a Torre do Tombo, onde ficariam em melhor estado e segurança [...] Nessa viagem percebe sua popularidade pelo interior do país, mas é mais uma vez atacado pelo clero, que cobra do rei o fim da transferência de documentos. [...] Ainda contra o clero, Herculano ataca, em 1857, a Concordata com a Santa Sé, na qual eram negociados antigos direitos de padroado da Coroa Portuguesa na Índia.[67]

Não houve hesitação de sua parte: publicou ainda alguns escritos, mas tão somente com a finalidade de acumular um pecúlio que lhe permitisse comprar uma casa rústica e recolher-se numa espécie de autoexílio que lhe possibilitasse viver uma vida campestre (Quinta de Vale de Lobos). Mudou-se para lá, perto de Santarém, em 1866. Trabalhou na terra, colheu azeitonas, produziu azeite e desfrutou de certa solidão, embora tendo ido como recém-casado. Em 13 de setembro de 1877, faleceu. Foi enterrado num cemitério próximo. Alguns anos depois, foi transladado para o Mosteiro dos Jerônimos.

Talvez tenha tido mais tempo também para refletir sobre a frente política-ideológica em que atuou: cronologicamente, teríamos a) o campo da instrução pública e da educação; b) o campo literário, com ênfase no romance histórico; c) o campo jurídico, como revisor do Código Civil Português. Mas nos termos do interesse para a nossa pesquisa talvez a ordem cronológica deva ser substituída pela ordem de importância para a investigação que realizamos.

67 CRUZ, Carlos Eduardo da. Do exílio ao exílio: Alexandre Herculano do liberalismo português. *Garrafa*, v. 8, n. 22, p. 1-28, 2010.

CAPÍTULO III

ALEXANDRE HERCULANO E A LUTA PELA EDUCAÇÃO: SOBRE A LEI 58

O Projeto de Lei 58-A é aquele da Comissão de Instrução Pública da Câmara dos Deputados sobre a proposição de extinção da Escola Politécnica e o restabelecimento do antigo Colégio dos Nobres. Alexandre Herculano votou contra a redação do parecer do deputado por Lamego (1840), José Manoel Botelho, mas sobretudo emitiu parecer público.[68] Chamamos a atenção para o fato de a pesquisa ser constituída no escopo do trabalho de localização, identificação e classificação da fonte documental necessária para a comprovação de nossas hipóteses. Assim, foram realizados levantamentos prévios dos materiais disponíveis em diversas bibliotecas públicas e, mais recentemente, em bases digitais.

Antes de situar a posição de Herculano, vamos copiar o Projeto de Lei 58-A:

> Art. 1º – Fica revogado e de nenhum efeito o decreto de 04/01/1837 que suprimiu o Colégio dos Nobres, o qual será restituído. E posto no mesmo estado, em que se achava antes daquele decreto.
>
> Art. 2º – Ficam revogados os decretos de 11 e 12 de janeiro de 1837 que criaram a Escola Politécnica
>
> Art. 3º – Restabelecer-se-á a Academia de Marinha e a de Fortificação da mesma forma e no mesmo estado em que se achavam, antes da sua extinção, assim como a Aula de Física e Química da Casa da Moeda.
>
> Art. 4º – O regulamento da Escola Médico-Cirúrgica por-se-á em harmonia com o disposto nesta Lei.

---

68 *Da eschola polythecnica e do collegio dos nobres* (1840), de Alexandre Herculano foi identificado, lido e analisado na Biblioteca Nacional de Portugal (cota 6165-A), Lisboa, em setembro de 2018.

Art. 5º – Fica revogada toda legislação em contrário.

(Sala das Cortes, 06/08/1840. Deputado por Lamego José Manoel Botelho).

Alexandre Herculano, inconformado com o parecer da Comissão presidida por Botelho, torna pública a sua posição. Considera como um verdadeiro golpe político contra si e Ferrer, seu amigo, que vinham lutando contra a instrução de privilégio da nobreza e daí o posicionamento a favor da instrução pública. Por isso, considera a restauração do Colégio dos Nobres uma política regressista no sentido pleno da palavra; um retorno ao que era antes... Assim, defendem com outros adeptos a discriminação de leis, justificativas, estudos, pesquisas, que deveriam efetivamente assegurar um Código de Instrução Pública.

Entretanto, os adversários desta luta argumentam, diz Herculano:

I. Com questões de dotação original em bens da Fazenda que transferira recursos do Colégio dos Nobres para a nova Escola Politécnica;
II. Com a vinculação da antiga propriedade à Ordem dos Jesuítas. Tal assertiva será fortemente combatida e, com veemência, rechaçada. Insinua-se já aqui uma disputa com os jesuítas e, portanto, com a Igreja Católica;
III. Acusam Herculano de querer retomar o debate acerca da importância da literatura *versus* ensino técnico;
IV. Acusam ainda o forte dispêndio financeiro e acena-se com a questão da economia de recursos, que, nesses casos, é sempre reivindicação certa.

Alexandre Herculano utiliza-se de metáforas para caracterizar o Colégio dos Nobres, quando se refere às "opas, sotainas, fitas, medalhas, gregos, latins, retóricas, esgrimas, danças e mais petrechos que, entretanto, e com muita graça, são designadas de elementos de uma educação liberal".[69]

Ressaltamos que todas estas referências metafóricas de símbolos de distinção, domínio de idiomas clássicos, dança e tradições do passado, inclusive de práticas esportivas, como a esgrima, certamente falam aos sentimentos políticos regressistas que estariam a caracterizar e impulsionar o desejo de fim da Escola Politécnica...

E segue o parecer crítico de Alexandre Herculano:

69 HERCULANO, Alexandre. *op. cit.*, 1840.

> [...] costume é meu provar o que digo; por isso chamarei duas testemunhas irrecusáveis. A primeira é o próprio Marquês de Pombal. Em 1772, viu-se obrigado a reformar os estatutos daquela Casa por consulta da Mesa Censória de agosto de 1771. E lá há menção a escândalos, desordens, vícios, práticas infames, etc... a outra testemunha que chamarei é o célebre professor de Filosofia Bento José de Souza Farinha, que em uma memória sobre este estabelecimento dirigiu-se a D. Rodrigo de Souza Coutinho, reflexões judiciosas pintando com veemência as desordens, o luxo espantoso, a falta de educação literária que reinava, os gestos excessivos, etc...[70]

Pela palavra e depoimento do primeiro, estamos a ver o que era o "Collegio", dez anos depois de criado. Pela memória do professor Bento, ver-se-ia o que era depois de meio século de existência.

Alexandre Herculano minimiza, contudo, os gastos da Fazenda, que não seriam tão grandes assim; apontando também equívocos e erros na reposição do debate, implicando a questão literária *versus* o ensino tecnológico.

Ele dirá textualmente que a Escola Politécnica é essencialmente a Escola Normal, ou, para melhor dizer, a Profissional, de onde podem sair homens hábeis para mestres de escolas primárias superiores, verdadeiramente populares e úteis.

Sobre a luta ideológica de Alexandre Herculano

Além do projeto de escrever a história de acordo com documentos e fontes fidedignas, a luta política-ideológica de Alexandre Herculano envolve três frentes de batalha ideológica e intelectual: 1) a frente do Código Civil, em que o aspecto religioso é imperativo; 2) a frente da instrução e do ensino públicos, em que a postura liberal fica ressaltada; e 3) finalmente, a frente literária ou cultural. Todavia, estas três frentes de luta se entrecruzam. Estes aspectos, que muitos consideram secundários, é o que desejamos aprofundar no que concerne à mobilização das consciências e dos afetos capazes de produzir efeitos propriamente de poder, ou seja, políticos.

Poderíamos pensar de trás para frente, aplicando o método regressivo e percorrendo desde o ponto de chegada da posição cética, carregada de ceticismo, que muitos encontram nas contradições da filosofia iluminista (materialismo e racionalismo), até alcançar o ponto de partida do engajamento de Herculano na Guerra Civil Portuguesa. Neste conflito, ele participou ativa-

70 Ibidem.

mente contra os miguelistas e o absolutismo, em defesa do liberalismo e do constitucionalismo.

Para Barradas de Carvalho,

> Herculano inicia um combate sem tréguas contra a filosofia iluminista. Renega a Enciclopédia, renega Voltaire, renega D'Holbach, e apenas Rousseau se salva porque...era uma alma religiosa. O século XVIII é acusado por Herculano de ter pretendido substituir a filosofia à religião. Ora a filosofia para Herculano resume-se em dois sistemas que mutuamente se destroem. Por um lado o sensualismo ou materialismo com Bacon-Locke-Condillac, por outro o criticismo ou racionalismo com Descartes e Kant. A filosofia para Herculano leva ao cepticismo que torna impossível a vida dos homens. Os sistemas filosóficos contradizem-se, não saiem de um beco sem saída. A contradição entre Locke e Kant é a expressão desse beco sem saída. Diz Herculano: Com Kant o universo é uma dúvida, com Locke é uma dúvida nosso espírito: e num destes abismos vêm precipitar-se todas as ontologias.[71]

Esta observação de António José Saraiva, citada por Barradas de Carvalho, não é mera anotação do ceticismo de Herculano. É antes um convite para refletirmos acerca deste ceticismo, mas no domínio do campo religioso deste último.

No Volume VIII dos *Opúsculos* ("Da Escola Politécnica e do Colégio dos Nobres", de 1841), páginas 51 a 53, podemos ler, de Herculano:

> A ideia de liberdade civil e política, ideia progressiva e de transformação, é representada por essa classe que, por isso, é forte e dominadora e para ela e por ela se traçam e aperfeiçoam instituições e leis. Como com razão, diziam há um século Luís XIV e D. João V – l'état c'est moi – com razão diz hoje o mesmo de si a classe média. Virá um dia em que o predomínio desta classe se converta em violência e opressão, soando para ela a sua hora de morrer, quando a ideia geradora do progresso presente se corrompa e envelheça nas suas mãos. Que grande pensamento social surgirá então? Não o sei; nem me importa porque já não estarei neste mundo: mas embora o sangue vertido pelos sectários da liberdade, quais mártires do evangelho, não seja infecundo e a liberdade e o Cristianismo, ora vencidos ora vencedores, venham enfim a conquistar para si o império do gênero humano; sei que, bem como houve já tiranias aristocráticas e tiranias monárquicas, haverá tiranias burguesas,

71 BARRADAS DE CARVALHO, Joaquim. Para uma bibliografia crítica de Alexandre Herculano. *Revista de História*, v. 34, n. 69, p. 231-246, 1967.

> tiranias do balcão, da oficina, da granja, da fábrica e até, porventura, da imprensa, que agora ruge e agita o mundo em nome da igualdade civil dos homens.[72]

Vamos tentar compreender como Alexandre Herculano vai circunscrever as suas contradições existenciais e religiosas carregadas de ceticismo pessimista... A chave interpretativa será o liberalismo, ao mesmo tempo conservador, mas com um ligeiro acento laico, no qual possivelmente não apenas não se conformava com o papel de guardiã da documentação histórica que a Igreja Católica se atribuía quando se tratava da história de Portugal, como também defendia aqui o papel do Estado. Assim, Herculano foi, antes de tudo e no nosso entender, um pioneiro na acumulação de documentos, papéis, diplomas históricos, que já se configuravam numa "história diplomática", no sentido de estabelecimento das fontes historiográficas para além do âmbito exclusivista eclesial.

Para tal finalidade, vinha a calhar a relativa independência ou autonomia do papado, tal qual ensinavam os mestres oratorianos no âmbito de um pascalianismo jansenista, que será muito influente quando do estabelecimento das bases de uma ideologia antijesuitista que se impôs no Portugal pombalino. A tarefa de intelectual do escritor e historiador deslizava serenamente para a confluência de um labor romântico que solicita ao romance, e se quiserem, ao romantismo, uma precípua narrativa histórica. O pano de fundo dos costumes e das ambientações históricas pedia uma boa dose de imaginário que tornava, por exemplo, o presbítero Eurico um personagem exaltado e devidamente heroicizado, que acenava fortemente para a forma literária do romantismo. Terá aí havido influência do exílio na Inglaterra e em França?

Não devemos esquecer que Alexandre Herculano será um típico intelectual formado na cultura política do século XIX, na qual era exigida a versatilidade do jornalista, do publicista, do escritor e do poeta. Mas sublinhamos a clarividência com que se dedicou especialmente a amealhar documentação histórica, fontes preciosas para o Estado português.

A restauração da monarquia absolutista em Portugal com D. Miguel (1828) havia derrogado a ordem constitucional outorgada por D. Pedro (1826), posteriormente ao falecimento de D. João VI. Entre 1828 e 1834, deu-se a Guerra Civil Portuguesa, opondo absolutistas contra constitucionalistas. Este quadro impulsionou o interesse e o engajamento nas lutas, armadas ou não. O retorno do exílio certamente amadureceu Herculano como intelectual e deu-lhe condições intelectuais para ampla participação na imprensa, em periódicos e

72 Apud Barradas de Carvalho. *op. cit.*, 1967.

na vida literária e política do país. Vinculou-o ao liberalismo romântico contra o absolutismo, mas uma vez nomeado por D. Pedro IV como 2º bibliotecário da Biblioteca do Porto, pôde avaliar a importante tarefa de reunir as fontes necessárias para uma história de Portugal em bases confiáveis e científicas e não apenas para deleite de si e de outros privilegiados. Isso será de fundamental importância para a tarefa já profética que pretende realizar. Também proporcionará legitimidade ao intenso debate do qual participa por meio de diferentes publicações, incluindo *O Panorama*, a *Revista Universal Lisbonense* e *A illustração luso-brazileira*: jornal universal.

Poderíamos dizer, pela versatilidade de Herculano, que ele distingue uma filosofia dos afetos daquela do entendimento e da razão (Kant). Ele avança na relação entre sensualismo e racionalismo e busca um ecletismo composto pela filosofia da religião católica romana, com a qual terá formidáveis combates intelectuais contra seus padres.

Na abordagem do liberalismo *versus* absolutismo, Alexandre Herculano quer logo distinguir as posições político-ideológicas, como destacado no quadro a seguir:

Liberdade e Progresso	**de**	Desenfreamento
Direito	**de**	Opressão
Propriedade, filha sacrossanta do trabalho	**de**	Espoliação e roubo
Sistema de reformas	**de**	Dissolução social

Este pequeno quadro esquemático está logo no prólogo do volume (Tomo I) acerca da Inquisição ou do Santo Ofício em Portugal. O alvo visível é o liberalismo mais radical ou aquele que tem por símbolo e espantalho nada menos que o genebrino Jean-Jacques Rousseau (1712-1778). Todavia, calvinista...

Mas isto parece funcionar como semblante do que seria sua verdadeira questão: a de contrariar a importância da Igreja em Portugal e, de certo modo, atuar contra a campanha política que ela realiza contra ele. Julgamos que o posicionamento da Igreja Católica no que concerne à questão do casamento civil nas discussões acerca da codificação civil, acrescido da posição de guardiã da documentação da história de Portugal, constantemente afetada pela Igreja, coloca-a (bem como os padres) em posição de alerta e com certa indisposição política para com Alexandre Herculano. Não devemos nos esquecer que Herculano vinha de um trabalho incansável de coleta da documentação eclesiástica para que esta ficasse sob a guarda do Estado. Recordemos que após 1853, quando é encarregado da seleção, compilação e organização da *Portugaliæ Monumenta Historica,* é que realiza os importantes estudos do período que vai de 1854 a 1859. Esta dedicação culmina com a obra *História da Origem e Estabelecimento da Inquisição em Portugal,* quando acontece a nomeação de seu inimigo pessoal Joaquim José da Costa Macedo para guarda-mor da Torre do Tombo, o que acarreta o afastamento de Herculano deste trabalho de coletor da documentação histórica de Portugal. O impacto dessa nomeação foi brutal no escritor e ronda mesmo os arredores do traumatismo psicológico. Pois o ressentimento para com a Igreja vai levá-lo a promover um acerto de contas com aquilo que para ele é o calcanhar de Aquiles da Igreja: a chamada "Santa" Inquisição. E mais: não apenas na sua origem histórica, mas especialmente no estabelecimento que, na forma e conteúdo, deitou raízes em Portugal. Daí porque Herculano procurará ficar equidistante do autoritarismo, mas também do liberalismo (bem entendido, o liberalismo radical). Abraçará o liberalismo conservador inscrito no pensamento dos que foram nomeados como "aqueles do 14 de maio no Brasil".[73] Aqueles que, após a abolição da escravatura no Brasil (13 de maio de 1888), abraçaram a ideia da "República de fachada" para fazer pouco dos efeitos poderosos do fim do trabalho escravista e da modernização jurídico-política que estaria por se realizar em todos os campos. Um liberalismo de caráter regressista ou conservador lhes era adequado: "tudo deve mudar para que tudo continue como está".[74]

Por outro lado, era necessário tomar posição contra o autoritarismo do absolutismo, mormente do Estado. Raymundo Faoro diz que "o Estado seria outro e não o monstro patrimonial-estamental-autoritário que está vivo na realidade brasileira".[75] Faoro cita Euclides da Cunha, que ironizou o Estado no Brasil como um "Hércules-Quasímodo", numa alusão ao célebre aleijão do romance de Victor Hugo, ele próprio adepto do liberalismo radical. Faoro sugere que "vá lá o apelido Quasímodo para o caráter de aleijado, monstruoso, autoritário, adjetivos pejorativos para o Estado brasileiro; o enigma está em conceber-se o mesmo Estado como 'Hércules'", sugere Faoro.[76]

Já Wanderley Guilherme dos Santos fica com a metáfora do "Leviatã paralítico",[77] chegando mesmo a referir-se à "elefantíase" para descrever o caráter aberrante do Estado.

Para Alexandre Herculano, era necessário equilibrar-se entre a crítica ao liberalismo radical e, simultaneamente, ao absolutismo, especialmente no contexto da Igreja Católica, nos católicos em geral e no Vaticano, em particular.

73 NEDER, Gizlene. *op. cit.*, 2016.

74 Cf. DI LAMPEDUSA, Giuseppe. *Il Gattopardo*. Milano: Feltrinelli, 1958.

75 FAORO, Raymundo. *Existe um pensamento político no Brasil?* São Paulo: Ática, 1994, p. 85.

76 Ibidem.

77 SANTOS, Wanderley Guilherme dos. Mitologias institucionais brasileiras: do Leviatã paralítico ao Estado de natureza. *Estudos avançados*, v. 7, p. 101-116, 1993.

Não pesaria aí a influência pascaliana da formação longínqua com os padres oratorianos? Fios e rastros que perduram?...

De fato, Herculano é um pensador do século XIX, mas para compreendê-lo, inclusive nas suas incursões no passado e como historiador, é necessário voltar ao século XVIII e mais atrás... A denominação "reino cadaveroso", feita pelo pensador António Sérgio evocando Ribeiro Sanches, suscita naturalmente a imobilidade de quem já se foi, não está mais entre nós. Mas sobretudo acentua o viés de uma consciência fantasmagórica passadista e saudosista da (vã)glória de mandar, entrevista na Cruzada em que o jovem e pio D. Sebastião fez-se combatente em África. Aliás, esta seria uma das razões pelas quais se registra que "durante os doze primeiros séculos de Igreja foi aos bispos exclusivamente que ela incumbiu de vigiar pela pureza das doutrinas religiosas dos fiéis".[78] Diz ainda que a "[...] Inquisição ou Santo Ofício surgiu no século XIV, a cobrir de terror, sangue e luto quase todos os países da Europa Meridional e, transpondo os mares, a oprimir extensas províncias da América e do Oriente".[79]

Mas, de fato, seu foco será em Portugal e na história portuguesa do século XV em diante.

Para o que nos interessa, é necessário prospectar o liberalismo do século XIX *vis-à-vis* as ideias do século XVIII. O emaranhamento entre correntes político-ideológicas, com transbordamento para o meio jurídico-penal e universitário, representadas pelos "castiços" contra os "estrangeirados", resultará, no século XIX, num Iluminismo luso-brasileiro específico, denominado "absolutismo ilustrado com realce para as ambiguidades, ambivalências e contradições".[80] Sempre a produzir tormentos, sofrimentos e gozos, ora pois. E isto para não falar da "modernização conservadora" implícita no projeto político.

O rei D. José I acreditava que Sebastião de Carvalho, Marquês de Pombal, faria Portugal ombrear-se com Inglaterras, Áustrias, Franças e Espanhas. Sua Majestade está certo que sabe mais sobre nós que nós mesmos e que haverá de fazer-nos o bem, nem que seja à força e apesar de nós outros. Não será esse desconhecimento do outro o instante supremo do absolutismo totalitário quando o poder clama *perinde ac cadáver*?[81]

A pedra de toque deste mágico projeto é a Universidade de Coimbra (e de sua reforma) na formação jurídica brasileira. E a despeito da expulsão dos pa-

---

78 HERCULANO, Alexandre. *História da Origem e Estabelecimento da Inquisição em Portugal.* Lisboa: Bertrand, 1854-1859, p. 24.

79 Ibidem, p. 25.

80 CERQUEIRA FILHO, Gisálio. Prefácio ao livro de NEDER, Gizlene. *op. cit.*, 2000.

81 Ibidem.

dres da Companhia de Jesus no período pombalino, o jesuitismo fornece régua e compasso para a vida e para a morte, exigindo em troca obediência e submissão (*magister dixit*). Aqui, o "método sintético e compendário" é um dos mais caros expedientes ao processo pedagógico. Queremos dizer é que o campo jurídico (seja do Direito Comercial, Criminal, Civil ou Constitucional) será alvo de disputas e delas o Herculano historiador também não escapa, pois vai desempenhar em meados do séc. XIX as funções de revisor do projeto de Código Civil. Já no campo jurídico-penal, sobressai Pascoal José de Mello Freire. As escolas de Direito – ao Norte, a de Recife, e ao Sul, a do Largo de São Francisco, em São Paulo – seriam como trombetas anunciando o "reino", mas também o "nacional", convergindo em uníssono para a sede da Corte, no Rio de Janeiro. Nessa obra, Gizlene Neder[82] apontará para a movimentação dos magistrados pelo Brasil afora (baianos no Pará, mineiros no Maranhão, etc.). Missão (jurídica) e obediente à autoridade (hierarquia) igual à dos magistrados, com um deslocamento territorial e estratégico pelos postos de administração imperial, movida pelo lema "obediência e submissão" só será observada no clero e nos militares. É o que observa Gizlene Neder, na trilha que foi aberta por Pierre Legendre.[83]

O imperativo da submissão obediente virá sempre acompanhado do sussurro "eu te amo", das demonstrações do quanto amoroso e amorável é o Censor do qual se investe o Poder. Daí que a vacilação em obedecer, o medo, o temor, a obediência em si, são tonalidades que compõem uma mesma melodia: o desejo de submissão.

"Obedecer & submeter-se" têm sido as insígnias do "poder & saber"...

Herculano localiza em fins do século XIV (1376) e numa bula do Papa Gregório XI a Agapito Colonna, bispo de Lisboa, a nomeação do primeiro inquisidor da Santa Sé portuguesa: Frei Martim Vasques. Embora reinasse nesse tempo histórico em terras de Espanha, em Portugal ela levou um bom tempo, século e pouco, para lançar suas primeiras raízes. O foco principal da apuração no que se refere à perseguição implacável, julgamento sem que se fosse assegurado o pleno direito de defesa, quando a sentença final era especialmente a população judaica. Todavia, se num primeiro momento, Portugal foi preservado da atuação da Inquisição, isso ocorreu em detrimento da ação avassaladora de Torquemada em Espanha. Em outubro de 1464 saíra, com a denominação de "Instruções", a promulgação do primeiro "código inquisitorial d'Hespanha".[84]

82 NEDER, Gizlene. *op. cit.*, 2000.

83 LEGENDRE, Pierre. *O amor do censor*: ensaio sobre a ordem dogmática. Rio de Janeiro: Forense Universitária, 1983.

84 HERCULANO, Alexandre. *op. cit.*, 1854-1859, p. 92.

Logo começariam as diligências, as delações, os confiscos, os autos de fé, torturando-se e queimando em fogueiras diversas pessoas".[85] Tais ocorrências não aconteciam sem resistência, indignação e tumultos. Os inquisidores procediam, por nobreza ou opulência, entre os cristãos-novos, e provocavam certa inconformidade. Recorde-se que estes últimos tinham influências diversas entre os poderosos; o que acabou por gerar reação de insubordinação "em Teruel, Valência, Lérida, Barcelona e outros, tendo a Inquisição reagido com repressão energia e feroz. Multidões que eventualmente se associavam a esta resistência, só com o apoio comprado pelos ricos e poderosos".[86]

De tumulto em tumulto, acabou-se por chegar, não à punição do inquisidor-mor Torquemada, mas ao

> [...] audacioso decreto de 31 de março de 1492 que publicava lei para que todos os judeus, fossem expulsos d'Hespanha, até 31 de julho do mesmo ano, já na última década do século XV. Dali foi um pulo para que a inquisição se espalhasse por todo o reino de Fernando e Isabel, os chamados *reis católicos*. Muitos judeus e mesmo cristãos-novos, perseguidos e constrangidos, foram buscar abrigo e acolhimento em Portugal.[87]

Por lá, as *Ordenações Afonsinas* regulavam as relações entre cristãos e judeus, com pesadas vantagens para os primeiros, pois os dispositivos legais praticamente descartavam a religião judaica como tal.

> Viviam os judeus dentro das povoações em bairros apartados conhecidos pelo nome de judarías ou judearías, constituindo aí uma espécie de conselhos, chamados em tempos mais remotos, comunidades, e, depois, comunas. Por analogia com o sistema de governo às respectivas populações cristãs, nas comunas regiam-se por vereadores e por arrabis, juízes municipais privativos e por outros oficiais judeus. Acima destas magistraturas locais, havia o arrabi-mór, alto funcionários da coroa e magistrado imediato ao rei [...].[88]

Este *arrabi-mor* tinha "como assessor um letrado judeu, seu ouvidor especial, e exercia superintendência sobre a administração da justiça, mas também sobre a administração em geral e fazenda das comunas".[89]

---

85 Ibidem, p. 93.

86 Ibidem, p. 95.

87 Ibidem, p. 103. Neste ponto, Herculano finaliza o Livro I (Tomo I) e logo inicia o Livro II (mesmo tomo) da sua *História da Origem e Estabelecimento da Inquisição em Portugal*.

88 Ibidem, p. 110.

89 Ibidem, p. 111.

Se ocorria, por um lado, certa tolerância para com os judeus que viviam em Portugal, havia também uma evidente desvantagem social e mesmo separação, com base num sentimento de inferioridade em relação aos cristãos, ou seja, aqueles que eram batizados. Na sequência, observa-se que já naquela época, muitos judeus eram obrigados a "portar sobre suas roupas que cobriam a extremidade inferior do externo, uma estrela vermelha de seis pontas".[90] Havia restrições de várias ordens; enfim, frisa Herculano, uma religião dominante e dominadora, e outra, submetida e dominada, para não falar dos povos islâmicos que então habitavam em Portugal. Em várias ocasiões Herculano diz haver o sentimento corrente de malevolência para com os judeus.

Esse sentimento contra os judeus de fato vai crescer, em especial quando Portugal passa a receber aqueles que, de Espanha, haviam sido expulsos. As condições para eventos de multidão vinham sendo lentamente construídas. Todavia, agora alcançavam um ponto máximo em Lisboa e no alvorecer do século XVI, quando já havia assumido o trono o rei D. Manuel, o "venturoso", pois veio a suceder o falecido D. João II. Podemos mesmo falar que o fanatismo tomará conta de Portugal. Cenas brutais foram então testemunhadas, e Herculano não se furta a descrevê-las. A inquisição lusitana, tendo os dominicanos à frente, estimula as delações, a malevolência se transforma em ódio, ódio ao outro, ao gozo suposto do outro...

Em certas ocasiões, judeus eram forçados ao batismo em meio à algaravia de gritos, berros e insubordinação generalizada; em outros momentos, a tortura era sempre ameaçadora, e muitos "cristãos velhos sendo alvo de inveja eram levados à fogueira juntamente com neófitos judeus. Alguns só obtinham salvar-se mostrando diante dos assassinos que não eram circuncidados..."[91]

Em meados do século XVI, Portugal chamará a si uma política de restrição cada vez maior aos judeus. E abarcando cada vez mais "gentes", expressão que, não por acaso, deriva de "gentios", aqui tomados ao revés (não aqueles que eram judeus, mas ironicamente os que já não eram judeus).

> Antes de se expedirem as ordens para os filhos das famílias dos hebreus serem arrancados à força do seio de suas famílias, alguns rumores tinham transpirado acerca deste inaudito atentado. A nova espalhou-se por todos os ângulos do país e os ameaçados judeus começaram no meio do seu terror a tomar as poucas precauções que o aperto do tempo e das circunstâncias lhes permitia [...] os gritos das mães, de cujos braços arrancavam os filhinhos, os gemidos, ímpeto da desesperação dos pais

90 Ibidem, p. 114.

91 Ibidem, p. 122.

> e irmãos, as lutas dos mais audazes, as súplicas e lágrimas inúteis dos mais tímidos convertiam o reino numa espécie de teatro, onde se representava um drama incrível, fantástico, diabólico.[92]

Cinco séculos passados podemos observar uma viva cena histórica, numa alusão ao dramático no romance de Richard Zimler[93] intitulado *O último cabalista de Lisboa*.[94]

Fato é que a Inquisição irá se consolidar em Portugal e no além-mar. E esta vai criando raízes pela sua vigilância e prática repressiva. Haverá reação dos mais ilustrados, com Gil Vicente (1456-1536) e também o então bispo de Silves, sublinha Herculano. Os cristãos-novos chegarão a recorrer ao Vaticano por meio do procurador Duarte da Paz e outros. Após cenas que se registram em Lamego, o Papa envia o núncio Sinigaglia, e a partir do Breve de 17 de outubro de 1532, a Inquisição é suspensa. Mas retornará...

Alexandre Herculano, a partir do Tomo II (livros II, IV e V) registrará o vaivém em relação à maior ou menor (in)tolerância aos cristãos-novos, ou seja, judeus conversos, com nítidos efeitos políticos seja para os judeus que efetivamente se diziam cristãos, seja para os cristãos velhos... Desdobramentos de tais lutas se realizam tanto no plano político quanto no plano diplomático, com a criação de uma agência de judeus-novos em Roma e o envolvimento permanente do papado na questão. O infante D. Henrique se vê no centro dos debates no que concerne à sua nomeação como inquisidor-mor de Portugal. A figura do então bispo de Vizeu, D. Miguel da Silva, torna-se protagonista nas disputas com o rei e acaba em fuga para a Itália. Vive em Veneza e mais tarde será nomeado cardeal. A Inquisição em Portugal, por seu turno, toma a si ações repressivas e violentas; a Bula de 1532 será restaurada, diplomatas em Roma disputam pessoalmente com o Papa Paulo III. Para Herculano, havia muita exorbitância tanto por parte do rei D. João II quanto do Vaticano. Idas e vindas no que concerne a discussões sobre princípios acerca dos cristãos-novos, que acabam não sendo respeitados e o arbítrio saía sempre vitorioso.

92 Ibidem, p. 151.

93 ZIMLER, Richard nasceu em 1956 na Roslyn Heights (NY). Formou-se em jornalismo pela Duke University e completou um mestrado na Stanford University. Trabalhou durante dez anos em San Francisco. Em 1990, mudou-se para Portugal, onde ensina na Escola Superior de Jornalismo da Universidade do Porto. Hoje tem dupla nacionalidade, norte-americana e portuguesa. Sua magna obra é *O último cabalista de Lisboa*. A 1ª edição, *The last Cabalista of Lisbon*, é de 1996.

94 Obra celebrada de Richard Zimler: *O último cabalista de Lisboa*. Lisboa: Oceanos (Grupo LeYa), 2009.

A dissimulação fala à dissimulação e tudo permanece. Fica tudo: a atrocidade dos inquisidores, a dobrez (fingimento) e a cobiça da cúria romana, o fanatismo das multidões, a hipocrisia de muitos e a corrupção de quase todos, falta a esperança, ao menos a esperança fundada e plausível das vítimas. [...] a Inquisição assentada sobre sólidas bases, cessa de temer a própria ruína [...] o silêncio só é interrompido pelo crepitar monótono das fogueiras, pelo correr dos ferrolhos nos cárceres que se convertem em sepulcros e pelos gemidos que se alevantam no meio das hecatombes... Evoca William Shakespeare (1564 – 1616) para falar da tragédia do dramaturgo florentino Vittorio Alfieri (1749-1803).[95]

De fato, Herculano descreve um quadro inacreditável de ignomínias, de ódio, rancor e ressentimento, em que prevalecem a hipocrisia e a corrupção, seja da parte do Rei e da Igreja de Portugal, seja da parte do Vaticano, aí incluído o Papa e a diplomacia papal. Nada é poupado e o testemunho de Herculano após quase vinte anos de contendas é sinistro e arrasador: "as famílias dos hebreus que não puderam esquivar-se a uma situação intolerável fugindo de Portugal, ainda na sucessão dos tempos, mais de uma vez ergueram as mãos súplicas", nada conseguindo. Após 1548, já não havia mais lutas ou disputas entre cristãos-velhos, judeus, cristãos-novos.[96] Havia, sim,

> [...] era o estrebuchar das vítimas. O tribunal da fé, depois de 1561 estava constituído em definitivo... Tinham passado doze anos e era núncio em Portugal D. Pospero Santa-Croce, bispo de Chisamo. D. João III morrera, e regia o país na menoridade de D. Sebastião, a rainha D. Catharina. O infante D. Henrique continuava a presidir o tremendo tribunal...[97]

Destacará ainda o "considerado feitor de violências insólitas", D. Oleastro ou Frei Jeronymo de Azambuja,

> "[...] que disputará a palma das crueldades João de Mello. Seus excessos haviam sido tais que o infante fora obrigado a demiti-lo".[98] Em seguida dirá: Oleastro, depois de ter voltado do Concílio de Trento, foi nomeado inquisidor de Évora em 1552 e transferido para a Inquisição de Lisboa em 1555.[99]

95 HERCULANO, Alexandre. *op. cit.*, 1854-1859. Fim do Tomo II, p. 374-375.

96 Ibidem, Livro XIX, Tomo III, p. 352.

97 Ibidem, Livro XIX, Tomo III, p. 353.

98 Ibidem, p. 355.

99 Ibidem, p. 355. Nota 1.

Fica-nos a impressão de que Herculano estaria "vingado" com a denúncia documental da Inquisição portuguesa contra as malquerenças das autoridades eclesiásticas à sua dedicação, desempenho e reconhecimento no que se refere à coleta dos arquivos histórico-documentais de posse da Igreja e sua reivindicação de transferência para o Estado português, que deveria se responsabilizar pela sua guarda.

Consideramos também interessantes observações pontuais sobre a liberdade religiosa, a liberdade à livre imigração (questão tão atual neste primeiro quarto do século XXI) e a perspectiva liberal da propriedade.

Embora a liberdade religiosa estivesse mesmo presente na questão do casamento, isto é, dos casamentos mistos e do quanto isso interessava à Igreja Católica e ao Código Canônico, o fato é que ela, a liberdade religiosa, era uma questão em si. Aqui, vamos tratá-la mais como direito (natural) do que na perspectiva do casamento, pois esta será abordada em item no qual trabalharemos a "frente ideológica do Código Civil", de cuja Comissão Revisora Herculano foi membro destacado.

> Herculano bateu-se pela liberdade em todas as suas manifestações. A tolerância ideológica e religiosa é por ele defendida também. O mesmo historiador que condenou o fanatismo das perseguições religiosas e a intolerância inquisitorial defende a introdução do casamento civil para os não crentes.[100]

Conectada à liberdade religiosa está o direito à livre imigração por decisão do imigrante e não acossado ou tangido pela pobreza, pela fome, pela perseguição religiosa de qualquer natureza e, inclusive, pela falta de braços no sul de Portugal, precisamente na agricultura do Alentejo... Alexandre Herculano explicita que a liberdade à livre emigração inscreve-se também como inalienável direito natural. Diz "ser o absolutismo nada mais que a tutela pública na sua mais extrema manifestação"[101] e opõe-se taxativamente ao que chamaríamos de "imigração forçada". Todavia, sociologicamente, indaga-se se haveria alguma forma de "leva imigratória de massa" que não fosse forçada pelas condições históricas, ou seja, "imigração forçada historicamente condicionada"?

Essa é também a perspectiva liberal da propriedade no pensamento de Alexandre Herculano. Trata-se de direito natural e, mais, do direito sagra-

100 Cf. HERCULANO, Alexandre. *Um Homem e uma Ideologia da construção de Portugal (Antologia)*. 2. ed. Organização, prefácio e notas de Cândido Beirante e Jorge Custódio. Lisboa: Bertrand, 1980, p. 316.

101 Ibidem, p. 318. Carta ao *Jornal do Commercio*, dez. 1865. In: HERCULANO, Alexandre. *Estudos sobre o Casamento Civil. Por occasião do Opusculo do sr. Visconde de Seabra sobre este assumpto*. 6. ed. Lisboa, Livraria Bertrand. Lisboa, s.d., p. 277-281.

do (sacralizado) do cidadão. Nesse aspecto, a propriedade do Senhor é preexistente às sociedades; estribando-se, pois, no chamado "direito natural".[102] Aqui, Herculano rende-se ao idealismo defendendo, como outros, que o direito natural seria inerente à natureza humana, não podendo, entretanto, colocar-se acima das leis positivas, sejam elas constitucionais ou civis.[103]

A frente ideológica do Código Civil

Quando os debates acerca do Código Civil nas duas margens do Atlântico envolveram Portugal e Brasil,[104] as formidáveis discussões sobre o tema central da indissolubilidade do matrimônio e do registro civil do casamento – e onde estiveram à frente, Pascoal José de Melo Freire, Coelho da Rocha, Teófilo Braga, Francisco José Teixeira Bastos, Teixeira de Freitas, Clóvis Beviláqua, Rui Barbosa, entre outros – Alexandre Herculano foi referido por sua presença menos na qualidade de revisor do Código Civil Português e mais como "historiador célebre, tanto em Portugal quanto no Brasil e a fonte principal foi a sua obra *História de Portugal*".[105] Mas não só...

Para Herculano,

> [...] a sociedade portuguesa não se compõe só de católicos. Nos ainda assaz dilatados territórios da monarquia vivem e são cidadãos do país milhares de sectários de Maomé, de Zoroastro, de Brahma, de Buda; vivem sectários de não sei quantas mais religiões e superstições da Ásia e da África. Além disso, há em Portugal numerosos israelitas, há estrangeiros naturalizados acatólicos; há indivíduos que se tem afastado do grêmio dos fiéis, mas que não desacatam nem a religião nem os costumes. Quanto aos habitantes muçulmanos ou gentios que possa haver nas nossas vastas possessões, não se conhecendo praticamente entre nós senão o casamento católico, a comissão ignorava como, em relação a eles, era suprida a falta do casamento civil. Suprem-na provavelmente os costumes locais. Quanto aos não-católicos do reino não a supre nada. O israelita e o protestante, por exemplo, não pode apresentar perante os tribunais um documento autêntico que prove o seu estado civil. Não tem aonde o ir buscar.[106]

---

102 Ibidem, p. 319.

103 Ibidem, p. 319.

104 NEDER, Gizlene. *op. cit.*, 2011, Capítulo II.

105 BEVILÁQUA, Clóvis. *Direito de Família*. 7. ed. Rio de Janeiro: Livraria Editora Freitas Bastos, 1938, p. 193.

106 HERCULANO, Alexandre. *op. cit.*, 1980, p. 316; Carta ao *Jornal do Commercio*, Lisboa, dez. 1865.

Chega a nomear tal situação de "estado de anarquia". E interroga-se: deveriam ser compelidos protestantes, israelitas, incrédulos, excomungados, muçulmanos e gentios a receberem um sacramento para constituir legitimamente a família? A partir destas indagações, Herculano expressa-se:

> A comissão não criou o casamento civil, que era a única solução racional da dificuldade em que se achava. Não carecia disso. Subministrava-lho, se não a praxe moderna, seguramente a legislação da monarquia absoluta. a Ordenação do L. 4, tit. 46, parágrafo 2 tinha-o legitimado, tinha-o consagrado, tinha derivado dele consequências civis. A diferença estava em que o absolutismo havia-o instituído para os católicos, visto que não consentia cidadãos que não o fossem.[107]

E carregando na ironia, arrematava: "o absolutismo era assim: quando a Igreja o incomoda, arredava-a com o bico do pé e seguia o seu caminho. Nascera com esse gênio: não podia corrigir-se. Eram tempos felizes aqueles, tempos de fé viva"... Não sabiam que tinham a víbora do casamento civil? Pois tinham.[108] A metáfora é contundente para significar casamento civil. Víbora...

Veja-se ainda que Herculano é novamente citado no item referido ao sistema dotal intitulado "Desenvolvimento Histórico do Regime Dotal no Antigo Direito Ibérico, no Direito Pátrio e nas Legislações Modernas".

> Desde a invasão dos visigodos que, na Ibéria, se estabeleceu o uso dos dotes, mas no sentido que à palavra davam os germanos, isto é, de um presente do noivo à sua futura mulher. No código visigótico [...] está regulada essa usança, e Alexandre Herculano, autoridade eminente em tudo que diz respeito à história antiga da península, nos afirma que esse costume dos visigodos em relação aos dotes se manteve em vigor através do domínio árabe [...].[109]

Mas para o que nos interessa, convém observar, no âmbito dos reformadores de carretilha, as afinidades eletivas e as trocas intelectuais entre Brasil e Portugal, com o foco em Alexandre Herculano, o imperador D. Pedro II e Nabuco de Araújo.[110]

O segundo imperador do Brasil, D. Pedro II, preocupou-se pessoalmente com o tema do casamento civil/casamento misto, tendo presidido a última

---

107 Ibidem. p. 317-318.

108 Ibidem, p. 317.

109 NEDER, Gizlene. *op. cit.*, 2011, p. 147; citado por BEVILÁQUA, Clóvis. *op. cit.*, p. 222.

110 NEDER, Gizlene. *op. cit.*, 2018.

Comissão Revisora do projeto de Código Civil antes de perder o trono, como dissemos.

Ao qualificá-lo de "verdadeiro lapuz", após receber fotografia que lhe foi enviada, o imperador quer ressaltar as qualidades de Herculano como conhecedor do "Portugal profundo", pois "lapuz" quer dizer homem rude, que vive no campo e preserva certa rudeza de lapão, labrego ou camponês.

Um episódio interessante

Aqui, vamos tomar um artigo de Clóvis Beviláqua que se intitula "Aplicações do darwinismo ao direito", publicado na *Revista Acadêmica da Faculdade de Direito do Recife* em 1897, em que uma interessante referência a Alexandre Herculano aparece.[111] O darwinismo refere-se à teoria evolucionista do naturalista inglês Charles Robert Darwin 1809-1882, cujos fundamentos estão baseados na "seleção natural" (expressão do próprio Darwin, para explicar a origem, a transformação e a perpetuação das espécies ao longo do tempo). De outro lado, projetou forte influência no campo das Ciências Humanas e Sociais, trazendo para os estudos por elas realizados a denominação "darwinismo social". Hoje sabemos o quanto de impróprio tem o "evolucionismo social" aplicado às relações sociais, mas também em seus vínculos com uma possível teoria da evolução aplicada à história.

Todavia, no título temos o enunciado do aproveitamento das teorias biológicas de Darwin ao Direito, então já em processo de absorção pelos estudiosos, como um processo fortemente ideologizado. Este contexto ideológico marcou a virada do século no mundo e no Brasil. Assim, nas pegadas do spencerianismo (Herbert Spencer, 1820-1903) e também do pensamento de Ernst Haeckel (1834-1919), Clóvis Beviláqua aborda o "modelo do rei" ("modelo de príncipe") como o daquele que, no poder, se anula de um modo muito particular. Diz que o ideal de rei é o que se constituiu como "rei madraço", "com todas as virtudes anódinas e femininas".[112] Chega a dizer que uma tal realeza se realiza naquilo que se atrofiou.[113] "Madraço" aqui é menos o rei vadio, preguiçoso e indolente, mas aquele cujo protagonismo se oculta no "semblante" que faz

111 BEVILÁQUA, Clóvis. Aplicações do Darwinismo ao Direito. *Revista Acadêmica da Faculdade de Direito de Recife*, v. 7, n. 1, p. 117-132, 1897. Agradecemos a localização deste artigo de Clóvis Beviláqua ao doutorando do PPGSD/UFF Gabriel Cerqueira, atualmente em Bremen, Alemanha, como bolsista da CAPES.

112 Ibidem, p. 128.

113 Ibidem.

realizar. Jacques Lacan[114] formaliza que o discurso é um semblante, sendo ele uma maneira de organizar o gozo. Assim, o semblante é um efeito – seja no plano do significante falado, seja no plano da imagem – que tem por finalidade dar conta do lado insuportável da disjunção entre homens e mulheres.

Já na órbita das leis do Direito Privado, classifica-as com a hipótese das "leis mortas" pelo desuso e cita Rudolf von Ihering (1818-1892):

> [...] um princípio legal que perdeu sua força não merece mais esse nome, é uma roda gasta que não serve mais no mecanismo do direito e que pode dele ser retirada, sem desarranjar-lhe a marcha.[115]

Clóvis Beviláqua vai exemplificar melhor com as Ordenações Filipinas (Título 46, § 2, livro IV), recordando [...] "aquele matrimônio presumido que produz a comunhão de bens dos cônjuges, como se estivessem casados segundo os preceitos do direito canônico".[116]

Seria uma união estável *avant la lettre*?

Outrossim, continua o jurista Clóvis Beviláqua:

> [...] serão meeiros, provando que estiveram em casa teúda e manteúda, ou em casa de seu pai ou em outra, em pública voz e fama de marido e mulher que, segundo o direito, baste para presumir matrimônio entre eles.[117]

Todavia, parece-nos que, no Direito Canônico – e ainda hoje em dia –, a questão é mais escriturária, sendo o sacerdote presente a principal testemunha, enquanto os ministros são os próprios noivos.

Esses casamentos presumidos não são outros senão aqueles que "o direito romano conheceu e em Portugal foram frequentes até o tempo de D. Manoel I".[118] O interessante aqui é a dispensa de qualquer intervenção sacerdotal ou similar, bastando a vontade das partes e o assentimento dos pais.

> Porém, uma vez aceitas as determinações do Concílio de Trento para a celebração dos casamentos e não sendo legais aqueles que não fossem pautados por suas prescrições (lei de 08/04/1569) entenderam os civi-

---

114 LACAN, Jacques. *Seminário 18* – De um discurso que não fosse semblante. Rio de Janeiro: Zahar, 2009.

115 IHERING, Rudolf von apud Beviláqua, Clóvis. *op. cit.*, 1897, p. 128.

116 BEVILÁQUA, Clóvis. *op. cit.*, p. 128.

117 Ver Ordenações Filipinas 3, 59 § 2. In: TEIXEIRA DE FREITAS, Augusto. Consolidação, art. 100 apud BEVILÁQUA, Clóvis. *op. cit.*, 1897, p. 128.

118 Ibidem, p. 129.

listas pátrios que só por inadvertências poderiam ter os filipistas mantido aquela disposição contraditória do casamento por simples coabitação e fama.[119]

Era, pois, uma "disposição morta"; nos termos reiterados por Cândido Mendes,[120] que não podia vigorar nem vigorou após a reforma do Concílio de Trento. E, diga-se de passagem, ao estabelecer o seu *Direito Civil Ecclesiástico Brazileiro, Antigo e Moderno*, livro de fé jurídica e de "teologia política", publicado em 4 volumes entre 1866 e 1873, o jurista brasileiro do campo católico ultramontano prestou relevantes serviços (jurídicos) vaticanistas.

Mas Beviláqua chama atenção, e isto é o que aqui mais nos interessa, para "[...] a exceção que trazia Alexandre Herculano[121] que via nesse dispositivo, a 'consagração' do casamento civil".[122] Não deixa de ser curioso que, num golpe simbólico da palavra, o casamento que "já existira como 'civil' e há tanto tempo, se reassuma como casamento (con)sagrado [...]".

Por outro lado, tal posição tem trazido polêmicas na efetiva participação de Alexandre Herculano na Comissão Revisora do Código Civil de Portugal.

Já bastante desgastado politicamente pelo clero português, sua participação na Comissão Revisora do projeto de Código Civil elaborado pelo Visconde de Seabra precisa ser melhor esmiuçada. Do ponto de vista da luta ideológica com as posições mais conservadoras na composição da Comissão, Herculano também não assume claramente o lado do reformador jurídico que trabalhou para estabelecer condições possíveis naquela conjuntura para a criação de um Código Civil moderno em Portugal. Podemos apontar duas possibilidades interpretativas que não precisam necessariamente ser excludentes: em um primeiro plano, Herculano realmente preferia uma radicalização maior, defendendo a secularização mais acentuada e propondo a ideia de "casamento" como contrato, tal como aparecia já no Código Civil Francês, sob inspiração de Pothier.[123] Quer dizer, casamento civil registrado pelo poder público, distinto do casamento registrado pelo clero nas paróquias onde os casamentos fossem celebrados. Os dispositivos que afinal foram aprovados para o Código Civil moderno em Portugal incluíam o casamento registrado pelos agentes do Estado, mas também abria a possibilidade para tornar "civil" o casamento

119 Ibidem.

120 Ibidem.

121 NEDER, Gizlene; CERQUEIRA FILHO, Gisálio. Projeto de pesquisa em curso "A recepção da obra de Alexandre Herculano no Brasil: secularização dos casamentos, religião e cultura política".

122 Ibidem.

123 NEDER, Gizlene. *op. cit.*, 2018.

religioso, realizado e registrado escrituralmente pelo pároco. E num segundo plano, nossa hipótese implica um desconforto psicoafetivo de Herculano, cuja radicalidade na Comissão Revisora expressaria seu cansaço e, de certa forma, uma "resistência desistente", ao invés de "irredentista",[124] pois já havia décadas que o clero português despejava nele um combate rancoroso por ter sido o agente direto da recolha dos documentos da Igreja para depositá-los em arquivo público. A encomenda havia sido iniciativa da Academia de Ciências de Lisboa e executada em década anterior aos debates sobre o casamento civil em Portugal.[125]

Já em relação aos chamados "dispositivos mortos", Clóvis Beviláqua reitera que estamos diante de um édito sem função e sem vida que foi escrito depois mesmo de legalmente extinto; não sendo fantasia firmar que, por ser um caso de persistência, passou à categoria de "órgão rudimentar" e "sem função" da mesma forma que são as mamas incapazes de secretar o leite ou os olhos recobertos de espessa tapagem que intercepta os raios luminosos, como se observa nas toupeiras.

Sim. Elas, toupeiras, enxergam muito mal... Mas recordemos o sáurio, lagartixa que, quando está velha e ficam cegos os seus olhos, entra num buraco que dá para o Oriente, e ao sair o sol, olha para ele, se esforça para ver e recobra a vista.[126] E nós não estamos senão no campo da história da natureza; sem preocupações em transplantá-la para a história dos homens.

Considerado por muitos como ideólogo e literato fundador do romantismo nacional português, ao lado de Almeida Garrett, Alexandre Herculano, pode-se dizer, é o herói nacional e a personalidade intelectual que mais representa a complexidade do liberalismo lusitano. Seus restos mortais estão hoje no Panteão Nacional do Convento dos Jerónimos de Lisboa.

---

124 DERRIDA, Jacques. *Pensar a desconstrução*. São Paulo: Estação Liberdade, 2005; CERQUEIRA FILHO, Gisálio. *Cultura e... resiliência*. Rio de Janeiro: Editora Lumen Juris, 2018.

125 Ver "Cronologia breve e comentada" neste trabalho (Anexo I).

126 CARPENTIER, Alejo. *A harpa e a sombra*. Rio de Janeiro: Bertrand do Brasil, 1987.

CAPÍTULO IV

CIRCULAÇÃO DE LIVROS E PUBLICAÇÕES: RECEPÇÃO E REPERCUSSÃO DA OBRA DE ALEXANDRE HERCULANO NO BRASIL

Gizlene Neder
Gisálio Cerqueira Filho
Samuel Araújo Costa[127]

Como pudemos constatar, a recepção da obra de Alexandre Herculano no Brasil é enorme! Como outros autores portugueses de nascimento, podemos dizer que Alexandre Herculano é um autor brasileiro, assim percebido pelos brasileiros. É lido e referido especialmente pela obra literária. Seus livros estão espalhados pelo Brasil, especialmente nas bibliotecas públicas e universitárias em várias regiões que compõem a federação brasileira. Podemos dizer que nos centros urbanos onde se formou uma intelectualidade beletrista, encontramos livros e referências a Alexandre Herculano.

No primeiro semestre letivo de 2020, em plena Pandemia de Covid-19, Gizlene Neder ministrou, com a participação de Gisálio Cerqueira Filho, uma disciplina no curso de Graduação em História da Universidade Federal Fluminense (UFF), intitulada "Laboratório de Ensino e Pesquisa I", em que discutimos e produzimos pesquisa *on-line* nas bibliotecas universitárias e bibliotecas públicas, de forma a produzir uma visualização da extensão da recepção da obra de Alexandre Herculano, para além do material que nossa pesquisa havia levantado (àquela altura já concluída). A hipótese que trabalhamos era de que fora dos eixos mais potentes de formação superior e científica no país (Rio de Janeiro, Brasília, São Paulo e Minas Gerais) haveria uma ausência

127 Graduado em História pela Universidade Federal Fluminense (UFF) (2021). Foi bolsista de Iniciação Científica da Fundação Carlos Chagas Filho de Amparo à Pesquisa do Estado do Rio de Janeiro (FAPERJ), entre 2018 e 2019, sob a orientação de Gizlene Neder. É pesquisador no "Projeto Voz Humana", coordenado pelo doutor Fernando Fernandes (2020-2024). Tem experiência na área de História, com ênfase em História Moderna e Contemporânea.

ou diminuição do número de obras de Alexandre Herculano. A hipótese não se comprovou; os livros de Alexandre Herculano comparecem de forma expressiva nos catálogos das bibliotecas.[128]

A pesquisa que deu origem a este livro tem por título "A recepção da obra de Alexandre Herculano no Brasil: secularização dos casamentos, religião e cultura política", e tinha por objetivo a compreensão da inter-relação entre política, Direito, religião e relações de gênero. Estes, os principais temas que a escrita de Alexandre Herculano aborda.

Esta parte da pesquisa foi dividida em etapas: 1ª) o levantamento das obras publicadas por Herculano nas principais bibliotecas do país (Biblioteca Nacional, Real Gabinete Português de Leitura, Biblioteca da Universidade de São Paulo e da Pontifícia Universidade Católica do Rio de Janeiro); 2ª) a localização das obras em bibliotecas mais específicas (biblioteca do Instituto dos Advogados Brasileiros [IAB], da Faculdade Nacional de Direito [FND/UFRJ], da Faculdade de Direito de Recife [FDR/UFPE] e da Faculdade de Direito da Universidade de São Paulo [FDUSP] e da do Instituto Histórico e Geográfico do Brasil [IHGB]); 3ª) por último, o levantamento de artigos nas revistas do IHGB, da Faculdade de Direito de Recife e de São Paulo.

Na primeira etapa, escolheu-se as seguintes bibliotecas: a Biblioteca Nacional, no Rio de Janeiro, o Real Gabinete Português de Leitura, também

---

128 A título de exemplo, destacamos a pesquisa realizada pelo então graduando Luiz Cláudio Gomes Lopes nas bibliotecas do Pará, que encontrou o seguinte resultado:

OBRA – QUANTIDADE

Eurico, o presbítero – 12

Lendas e Narrativas – 5

Opúsculos – 2

O Monge de Cister – 2

O Monge de Cister ou A Época de D. João I – 3

Cartas – 1

O bobo – 4

Quadros literários da história medieval, peninsular e portuguesa – 2

Histórias heroicas – 1

Poesias – 2

O Historiador (organizado por Maria Beatriz Nizza da Silva, 1964) – 1

História da origem e estabelecimento da Inquisição em Portugal – 3

Estudos sobre o casamento civil: por ocasião do opúsculo de Sr. Visconde de Seabra sobre este assunto – 1

Os melhores contos de Alexandre Herculano – 1

História de Portugal desde o começo da monarchia até o fim do reinado de Affonso III – 1

RESUMO: 14 obras distintas com 41 exemplares: média de 2,92 cópias por obra.

BIBLIOTECAS MUNICIPAIS EXISTENTES: 195

do Rio, a Biblioteca da Universidade de São Paulo (USP) e a Biblioteca da Pontifícia Universidade Católica do Rio de Janeiro (PUC-Rio). Isso porque essas bibliotecas são as que possuem o maior acervo e o mais geral. A Biblioteca Nacional foi escolhida por ser o depósito público obrigatório e a mais antiga biblioteca do país; contém a maior parte dos livros publicados no Brasil – além de ter um enorme volume de obras raras. Já o Real Gabinete Português de Leitura foi escolhido por sua relação com Portugal e por ser uma biblioteca de doação, que possibilitaria ter uma noção da importância de Herculano para os portugueses do Brasil. Já as bibliotecas da USP e da PUC-Rio foram escolhidas para que pudéssemos observar suas bibliotecas, conhecidas por suas qualidades. Com a biblioteca da USP teríamos uma universidade pública, e a da PUC observaríamos uma universidade privada, confessional.

Os títulos das obras de Herculano ou relacionados a ele, ou livros que falassem sobre ele, foram colocados em tabelas – uma para cada biblioteca (Anexo I). A validade da elaboração de tabelas e gráficos reside, de um lado, no efeito de comprovação de afirmativas genéricas e subjetivas. De outro lado, produzimos um levantamento que segue como base de busca por pesquisadores interessados na obra de Alexandre Herculano.

Na linha do tempo em que destacamos as datas de publicação (1836-2012), encontramos uma última edição da obra de Alexandre na segunda década do século XXI! O autor está vivíssimo, revivificado pelas apropriações que se realizam não apenas em sentido espacial, de trocas transnacionais, mas apropriado e atualizado historicamente, até o tempo presente.

Após a elaboração dessas tabelas, percebeu-se a necessidade de elaboração de uma linha do tempo e alguns gráficos para compreender a repercussão da obra de Herculano ao longo do espaço-tempo. Os gráficos nos ajudaram a perceber a curva de interesse nas obras de Herculano ao longo dos anos e os principais locais de publicação, permitindo verificar onde suas obras foram disseminadas. A linha do tempo e os gráficos são apresentados a seguir:

Gráfico I – Volume de obras de Alexandre Herculano por ano

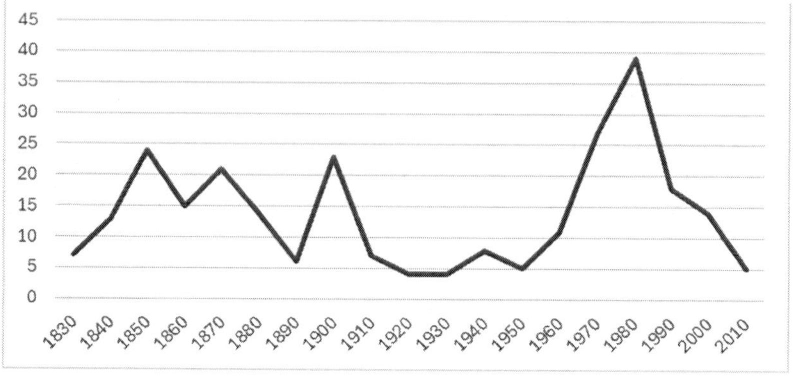

Fonte: Elaborado por Samuel Araújo Costa.

Este primeiro gráfico tem por objetivo compreender a curva de publicações das obras de Herculano ao longo dos anos em que ele viveu e os anos seguintes. Preferimos organizar os dados por décadas em vez dos anos exatos de publicação, a fim de evitar confusão e facilitar a análise. Para o movimento do gráfico, possuímos algumas hipóteses.

A primeira curva do gráfico (1830-1860), cremos, está relacionada à intensa produção intelectual do autor, que vai de sua juventude intelectual até a maturidade, tendo no vale do gráfico sua obra mais madura sendo publicada – o último da *História de Portugal*. Também cremos que o pico da curva é o auge de seu poder político, em razão de sua aliança com a família Bragança. E seria justamente por isso que haveria uma queda nas publicações de seus textos, pois o seu aprendiz e herdeiro ao trono – D. Pedro V –, faleceu muito jovem. A segunda curva (1860-1890) tem um pico menos elevado que a primeira, pois Herculano estava em exílio, mas também indica um interesse tanto em Portugal quanto no resto no mundo por suas obras – o pico do gráfico ocorre próximo do ano da morte do Herculano. Após isso, o gráfico apenas cai. A terceira curva (1890-1920) chama a atenção pela retomada das publicações das obras de Herculano subitamente, tendo o ano de 1907 como o pico dessas republicações, justamente no aniversário de trinta anos da morte do intelectual português. Há então um longo período (1920-1950) sem picos significativos de obras publicadas. Nossa hipótese é que a Grande Guerra, a Crise de 1929, a crise política que levou à instauração da ditadura de Salazar em 1933 e a Segunda Guerra Mundial fizeram com que a produção de livros em geral caísse. Em seguida, tem a quarta curva significativa (1950-2010), com um pico altíssimo e uma longa queda. Cremos que o pico da curva coincida com o aniversário de cem anos da morte de Herculano (1977), fazendo com que as editoras voltassem a publicar a sua obra completa. Além disso, em Portugal, estava chegando ao fim do salazarismo, o que também explicaria, em parte, novas publicações do homem que foi considerado um dos fundadores do Estado português moderno. A longa queda indica uma perda de interesse pelas obras de Herculano.

Gráfico II – Obras de Alexandre Herculano por local de edição

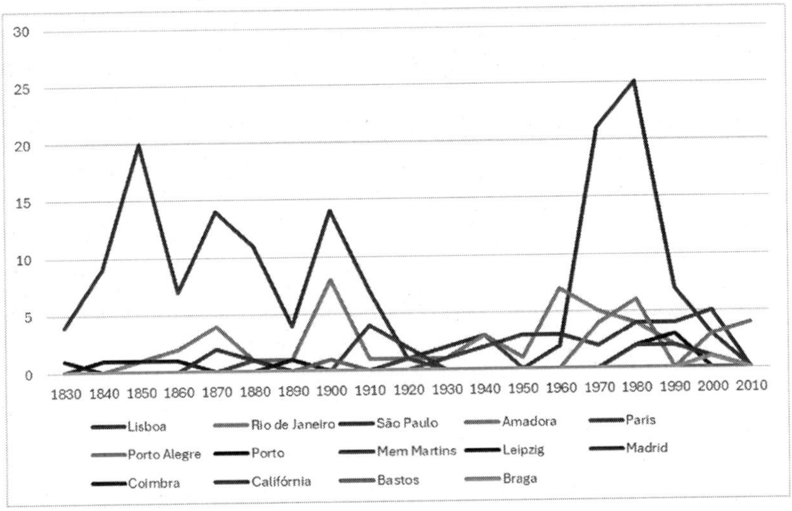

Fonte: Elaborado por Samuel Araújo Costa.

Gráfico III – Obras de Alexandre Herculano publicadas por país

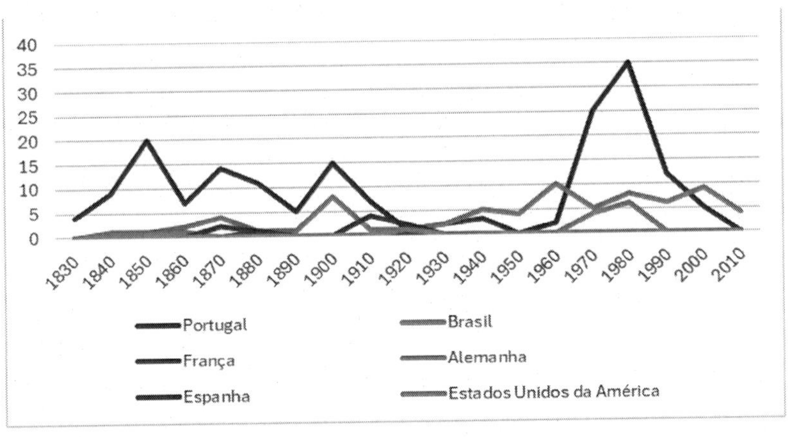

Fonte: Elaborado por Samuel Araújo Costa.

Os dois gráficos acima têm por objetivo esmiuçar o gráfico anterior para que melhor fosse compreendida a distribuição espaço-temporal das obras de Herculano. Queríamos ver a curva de nível de publicação das obras para cada cidade/país ao longo do tempo, observando quais locais tiveram novas publicações, quais deixaram de publicar e quem mais publicou. Concluímos, sem muitas surpresas, que o maior local de publicação das obras de Herculano foi Lisboa, local em que fez sua primeira publicação (*A voz do propheta*). Lá foi o epicentro de suas publicações. É interessante observar que a primeira curva de Lisboa/Portugal cai, e a do Rio de Janeiro/Brasil começa a subir para logo cair. A provável explicação para isso foi que quando Herculano perdeu força política em Portugal, no Brasil ainda havia uma monarquia com um imperador simpatizante de suas ideias e que trocou cartas com ele. A queda seria pelo mesmo motivo da de Portugal – a perda de um aliado político significou a perda de interesses por suas obras.

É interessante de se notar que na década 1900 há pico tanto no gráfico no Rio de Janeiro/Brasil quanto no de Lisboa/Portugal. A partir daí, os picos não coincidirão. A passagem para o século XX é o contexto histórico de implantação do regime republicano nos dois países. Interessante sublinhar que os embates de Alexandre Herculano com o clero português projetam sua obra, mesmo sendo ele monarquista. Parece-nos que seu monarquismo se apequena diante da importância das lides pela secularização da política e das instituições nos dois países. É também curioso de se perceber que quando Lisboa/Portugal tem seu ponto mais baixo, o Rio de Janeiro/Brasil tem seu ponto mais alto. Talvez seja pela mudança na conjuntura política de cada país. Outra observação interessante a ser destacada é que quando começa uma queda em cidades tradicionais de publicação – Lisboa, Rio de Janeiro, São Paulo – outras começam a surgir, como Porto Alegre, nas décadas de 2000 e 2010.

Após este levantamento de dados, iniciou-se a segunda fase da pesquisa: a pesquisa de obras em bibliotecas mais restritas. As duas escolhidas foram: a biblioteca do Instituto dos Advogados do Brasil (IAB) e a do Instituto Histórico e Geográfico Brasileiro (IHGB) (Tabela III). Na primeira biblioteca, foi encontrado apenas um exemplar da segunda edição de *Estudos sobre o casamento civil: por ocasião do Opúsculo do sr. Visconde de Seabra Filho sobre esse assunto*, pela editora Tavares Cardoso & Irmão, do ano de 1892, publicado em Lisboa.

O que foi percebido do material recolhido do IHGB é que a maior parte dos livros tem origem em Lisboa. Isso confirma a relação entre a intelectualidade brasileira e a portuguesa – o que faria todo o sentido, pois muitos dos intelectuais brasileiros se formaram em universidades portuguesas no século XIX.

Depois de reduzirmos o nosso recorte com a biblioteca do IHGB e a do IAB, verificou-se as bibliotecas da Faculdade Nacional de Direito e da Faculdade Nacional de Recife.

Uma vez pesquisadas as bibliotecas, investigou-se as revistas do IHGB, da Faculdade de Direito da USP e da Faculdade de Direito de Recife. Somente nesta última, no ano de 1892, encontramos uma citação a Alexandre Herculano, justamente num artigo de Clóvis Beviláqua, intitulado "Apontamento sobre a evolução de alguns regimes de bens entre cônjuges":

> Em Portugal também está fora de duvida que o regimen da comunhão procede de origem germanica, por intermedio dos wisigodos, cuja doutrinas no que diz respeito a dote e outros regimens de bens se conservaram tenazmente, atravez do dominio arabe e dos tempos em seguida, como nel-o attesta Alexandre Herculano.[129]

Esta citação se dá no contexto de relato sobre as diferentes formas de relações conjugais. Aqui Herculano é tido como fonte confiável sobre a história de Portugal, porém não se explora a fundo as ideias do historiador sobre o casamento civil.

A baixa adesão aos ideais de Herculano nestas revistas pode ser vista levando-se em conta dois aspectos. O primeiro é o fato de que não havia interesse do IHGB, na época de sua fundação, em debater os assuntos tratados por Herculano, pois se iniciava o estudo do passado do Brasil e a construção dos primeiros escritos sobre a formação nacional. Desse modo, os temas trabalhados por Herculano não seriam do interesse do IHGB.[130] Já os temas tratados na revista da Faculdade de Direito da USP igualmente pouco dialogavam com a obra de Herculano, sendo o mesmo caso do referido instituto. Na segunda argumentação, consideramos o excessivo desgaste político e ideológico porque passou Alexandre Herculano nos embates com o conservadorismo clerical em Portugal. Este desgaste político complicou-se progressivamente com as sucessivas crises políticas sucessórias na monarquia bragantina em Portugal, pois Herculano fora preceptor dos príncipes que sofreram os mais duros ataques advindos de setores ultraconservadores e anticonstitucionalistas. Não podemos, neste ponto, deixar de mencionar a aproximação de Alexandre Herculano com o imperador do Brasil, D. Pedro II. Tanto em Portugal quanto no Brasil, as monarquias sustentavam o regalismo, que desagrava profundamente o clero ultramontano. Os enfrentamentos com o papado romano foram articulados tendo em vista o projeto pombalino de fortalecimento do poder secular no então Império Luso-Brasileiro da virada para o século XIX. A posição regalista

129 BEVILÁQUA, Clóvis. Apontamento sobre a evolução de alguns regimes de bens entre cônjuges. *Revista Acadêmica da Faculdade de Direito do Recife*, v. 2, n. 1, 1892, p. 144-145.

130 É importante apontar que Herculano foi um membro honorário do IHGB.

fora sustentada pela espiritualidade jansenista que acompanhou as reformas moderno-conservadoras pombalinas. Portanto, o campo político e ideológico de Herculano saiu derrotado no Brasil.

A reforma católica da virada do século XIX para o XX, empreendida por meio de um amplo processo de atualização histórico-teológico do tomismo, visou, entre outras medidas, unificar a teologia política moderna da Igreja de Roma. Nesse processo, Herculano, que se formou no Colégio dos Padres Oratorianos de São Filipe de Nery, um centro teológico-educacional jansenista, pascaliano, como tantos outros intelectuais católicos em Portugal e no Brasil, experimentou certo ostracismo político. Esse fato colocaria Herculano numa posição ambígua enquanto intelectual, pois sua obra é lida e recepcionada no Brasil de forma mais que expressiva, como mostramos em nossa pesquisa. Contudo, os escritos políticos não possuem adesão social. Ler-se-ia Herculano enquanto literato ou enquanto um grande historiador e intelectual português, mas não para a aplicação de seus ideais.

Os temas de Alexandre Herculano tinham grande afinidade com a família imperial brasileira, preocupada com o encaminhamento de reformas do Direito Civil no país. Na "Coleção Thereza Christina" do IHGB, a imperatriz do Brasil, encontramos um exemplar do *Estudos sobre o casamento civil*, de Alexandre Herculano. As forças políticas e a rede de sociabilidade intelectual na qual Herculano se inseria lhe garantiu notoriedade enquanto intelectual, fora o mérito e a qualidade de sua produção literária.

A recepção da obra de Alexandre Herculano no Brasil é mais que expressiva. Como dissemos, analisamos um autor notável em Portugal, seu país de origem. Mas também um autor dos mais citados e preferidos pelo campo intelectual no Brasil; um autor dos brasileiros...

Por fim, não podemos deixar de sublinhar que vários editores de livros num circuito de negócios editoriais entre Lisboa, Rio de Janeiro e Paris produziram muitas obras e certamente ganharam muito dinheiro com os livros de Alexandre Herculano. No Rio de Janeiro, a Livraria Editora Francisco Alves foi a editora que mais publicou as obras de Alexandre Herculano. Nascido no Porto, Francisco Alves veio para o Rio de Janeiro em 1876 para trabalhar na livraria de um tio. Naturalizou-se brasileiro em 1883.[131]

Observando as Tabela I e II, constatamos as movimentações editoriais neste circuito "dos dois mundos" – Portugal, Brasil e França –, desde meados do século XIX até o século XXI.

O levantamento da pesquisa incluiu algumas bibliotecas universitá-

131 BRAGANÇA, Aníbal. *O Rei do Livro*: Francisco Alves na História do Livro e da Leitura. São Paulo: EDUSP, 2016.

rias, por meio do qual constatamos que as da Universidade de São Paulo e da Pontifícia Universidade Católica do Rio de Janeiro possuem um número significativamente maior de obras de Alexandre Herculano em seus acervos. Como não há novidade de títulos e publicações em relação aos acervos públicos (Biblioteca Nacional, Real Gabinete Português de Leitura e Biblioteca do Instituto Histórico e Geográfico Brasileiro), não incluímos neste livro as tabelas elaboradas por nós. Isso porque em algumas bibliotecas universitárias há restrição do número de leitores nos salões de consulta.

A melhor assertiva conclusiva com a qual podemos fechar este livro é a que destaca a apropriação intelectual e as afinidades eletivas (e afetivas) da obra de Alexandre Herculano estabelecidas pelo campo intelectual brasileiro.

ANEXO I

OBRAS, EDITORAS E LOCAIS DE PUBLICAÇÃO

Arquivos e fontes pesquisados para a produção dos quadros:

Biblioteca Nacional
Real Gabinete Português de Leitura
Biblioteca do Instituto Histórico e Geográfico Brasileiro
Biblioteca da Universidade de São Paulo
Biblioteca da Pontifícia Universidade Católica
Biblioteca do Instituto dos Advogados do Brasil
Biblioteca da Faculdade Nacional de Direito
Biblioteca da Faculdade Nacional de Recife
Revista do Instituto Histórico e Geográfico Brasileiro (Tomo I ao volume da revista 195)
Revista da Faculdade de Direito da USP (volume 31[132] ao volume 113)
Revista Acadêmica da Faculdade de Direito do Recife (volume 1 ao volume 20)

132 O acesso à revista foi feito de forma *on-line* e o arquivo da USP começava no volume 31.

Tabela I – Obras encontradas na Biblioteca Nacional

Localização da Obra	Título da Obra	Ano de publicação	Tipo	Local de Publicação	Publicadora
Livros Raros – 028, 001, 003A	*La Bóveda*	1877	Livro	Madrid	Imprensa Central
Livros Raros – 028, 002, 027 n. 003	*A Batalha de Ourique, e a sciencia arabio-academica.* Carta ao redactor da semana	1851	Livro	Lisboa	Imprensa Nacional
III – 4, 3, 9, n. 5	*A Batalha de Ourique, e a sciencia arabio-academica.* Carta ao redactor da semana	1860	Livro	Lisboa	Imprensa Nacional
Livros Raros – 028, 003, 005 ex. 1	*A reaccao ultramontana em Portugal ou A Concordata de 21 de fevereiro*	1857	Livro	Lisboa	Tipografia de José Baptista Morando
Livros Raros – 028, 001, 002 n. 002	*A voz do propheta*	1837	Livro	Lisboa	Tipografia Patriotica de C. J. da Silva e Comp.
Livros Raros – 028, 001, 002 n. 001	*A voz do propheta*	1837	Livro	Porto	Imprensa de Alvarez Ribeiro
Livros Raros – 028, 001, 001	*A voz do propheta*	1837	Livro	Rio de Janeiro	Tipografia Imprensa E. Const. De J. Villeneuve e Comp.
Obras Gerais – VI – 361, 4 35	*Alexandre Herculano*: seleção de textos, notas, estudos biográficos, histórico e crítico e exercícios, por Jesus Antonio Duregan	1982	Livro	São Paulo	Abril Cultural
Livros Raros – 028, 002, 028 n. 015	*Algumas palavras sobre o casamento civil*. Carta dirigida ao excellentissimo senhor Alexandre Herculano pelo academico M. C. de Girão[133]	1866	Livro	Coimbra	Imprensa litterária
I – 262, 5, 27	*Annaes de el rei Dom João Terceiro*	1844	Livro	Lisboa	Tipografia da Sociedade Propagadora dos Conhecimentos Uteis

133 O livro não é de Herculano, porém a sua inclusão foi considerada necessária por ser uma resposta ao historiador.

I – 206, 4, 18, n. 3	*Ás armas: Os hypocritas e os maçons*[134]	1873	Livro	Rio de Janeiro	Tipografia de J. M. A. de Aguiar
Livro Raros – 025, 002, 017	*Cantos. Collecção de poesias de A. Gonçalves Dias*[135]	1857	Livro	Leipzig	F. A. Brockhaus
Livros Raros – 080, 002, 012B	*Cantos. Collecção de poesias de A. Gonçalves Dias*	1857	Livro	Leipzig	F. A. Brockhaus
Livros Raros – 028, 003, 007	*Carta aos eleitores do circulon eleitoral de Cintra. (Extrahida do Jornal do Commercio),* por Alexandre Herculano.	1858	Carta	Lisboa	Tipografia do Jornal do Commercio
Livros Raros – 028, 003, 008	*Carta do sr. Alexandre Herculano respondendo à Sociedade Real de Agricultura em Lisboa.* Anotada com observações pelo dr. José Rodrigues e Mattos...	1874	Carta	Lisboa	Tipografia Universal
Obras Gerais – I – 121, 1, 36 – 38	*Cartas de A. Herculano*	1856 (?)	Livro	Rio de Janeiro	F. de Alves
II – 192, 2, 21	*Cartas inéditas de Alexandre Herculano a Joaquim Filipe de Soure*	1946	Livro	Lisboa	Fernandes (?)
Livros Raros – 028, 002, 026 n. 17	*Cartas sobre o estudo actual da religião catholica em Inglaterra*/por C. I. Aubert. Traduzidos do francês e seguidas de algumas observações contra A. Herculano e o Padre Rodrigo V. de Almeida, e de outra especial em que se mostra a necessidade do próximo estabelecimento de algumas ordens religiosas em Portugal. Por José de Souza Amado[136]	1850	Carta	Lisboa	Imprensa de Francisco Xavier de Souza
I – 201, 2, 7, n. 2 – 5	*Casamento civil (cartas) do senhor Alexandre Herculano dirigidas ao Jornal do Commercio*	1866	Livro	Lisboa	J. G. de Souza Neves

134 O título completo da obra é *Ás armas: Os hypocritas e os maçons; Opúsculo seguido de uma carta do Sr. Alexandre Herculano*. Por essa razão ela foi colocada na catalogação das obras de Alexandre Herculano, ainda que a parte principal não seja dele.

135 A obra contém um prólogo feito por Herculano, por isso foi incluída no catálogo.

136 A carta não é de Herculano, mas como o projeto é sobre sua repercussão, considerou-se importante catalogar também as obras não favoráveis a ele.

III – 128, 5, 24, n. 3	*Casamento civil; resposta ao Sr. Alexandre Herculano*[137]	1866	Carta	Lisboa	Imprensa Nacional
Obras Gerais – VI – 290, 1, 29	*Composicoes varias de A. Herculano*	Sem registro da data	Livro	São Paulo	F. Alves
040/H539e/1850	*Considerações pacíficas sobre o opúsculo Eu e o clero: carta ao redactor do periodico "A nação"*	1850	Carta	Lisboa	Imprensa Nacional
III – 4, 3, 9 n. 4	*Considerações pacíficas sobre o Opúsculo: Eu e o clero; carta ao redactor do periodico "A nação"*	1860	Carta	Lisboa	Imprensa Nacional
Obras Gerais – VI – 239, 5, 52	*Contos de A. Herculano* / introdução e seleção de Fernando Correia da Silva	1985	Livro	São Paulo	Cultrix
III – 14, 3, 22	*Controvérsias e estudos históricos*	1891	Livro	Lisboa	Livraria Editora de Tavares Cardoso
II – 424, 4, 11 – 12	*Controversias e estudos históricos*	Sem registro da data	Livro	Lisboa	J. Basto
II – 103, 1, 23 – 25	*Controversias e estudos históricos*	1907	Livro	Rio de Janeiro	F. Alves
VI – 253, 2, 32 – 34	*Controversias e estudos históricos*	1876-1884	Livro	Lisboa	Viúva Bertrand
II – 261, 1, 2 – 4	*Da origem e estabelecimento da Inquisição em Portugal*	1854-1859	Livro	Lisboa	Imprensa Nacional
II – 251, 1, 6	*El monje del Cister; La época de D. Juan I.* novela em português y trad. al castellano	1877	Livro	Madrid	Imprensa Control a Cargo de Victor Saix
II – 91, 2, 11	*Estudos sobre o casamento civil*	1907	Livro	Rio de Janeiro	F. Alves
Obras Gerais – VI – 285, 1, 48	*Estudos sobre o casamento civil*	1907	Livro	Rio de Janeiro	F. Alves
Livros Raros – 028, 002, 028 n. 011 – 013	*Estudos sobre o casamento civil*	1866	Livro	Lisboa	Tipografia Universal
040/R539 e/1850	*Eu e o clero, carta ao emmo. Cardeal patriarcha*	1850	Carta	Lisboa	Imprensa Nacional

137 Mesmo caso da nota anterior.

Livros Raros – 028, 003, 002	*Eu e o clero, carta ao emmo. Cardeal patriarcha*	1850	Carta	Lisboa	Imprensa Nacional
Livros Raros – 028, 002, 026 n. 003	*Eu e o clero, carta ao emmo. Cardeal patriarcha*	1850	Carta	Lisboa	Imprensa Nacional
Obras Gerais – II – 452, 1, 67	*Eurico, o presbítero*	2007	Livro	Rio de Janeiro	Batél
Livros Raros – 028, 001, 012	*Eurico, o presbítero*	1877	Livro	Rio de Janeiro	Imprensa Industrial
II – 261, 1, 29	*Eurico, o presbítero*	1877	Livro	Rio de Janeiro	Imprensa Industrial
II – 106, 1, 16	*Eurico, o presbítero*	1876	Livro	Lisboa	Imprensa Nacional
II – 92, 1, 11	*Eurico, o presbítero*	1907	Livro	Rio de Janeiro	F. Alves
I – 296, 2, 13	*Eurico, o presbítero*	1933	Livro	Rio de Janeiro	Universal
II – 92, 1, 26	*Eurico, o presbítero*	Sem registro da data	Livro	Rio de Janeiro	H. Garnier
II – 76, 1, 26	*Eurico, o presbítero*	1966	Livro	Rio de Janeiro	Tecnoprint
II – 14, 7, 52	*Eurico, o presbítero*	1972	Livro	São Paulo	Cultrix/Instituto Nacional do Livro
II – 100, 1, 19	*Eurico, o presbítero*	1876	Livro	Rio de Janeiro	Liv. Popular
II – 260, 2, 4	*Eurico, o presbítero*	1906	Livro	Lisboa	Bastos
Livros Raros – 028, 001, 008	*Eurico, o presbítero*	1859	Livro	Lisboa	Imprensa Nacional
Livros Raros – 028, 001, 009	*Eurico, o presbítero*	1864	Livro	Lisboa	Imprensa Nacional
Livros Raros – 028, 001, 004	*Eurico, o presbítero*	1847	Livro	Lisboa	Imprensa Nacional
Livros Raros – 028, 001, 0011	*Eurico, o presbítero*	1876	Livro	Lisboa	Imprensa Nacional

Livros Raros – 028, 001, 010	*Eurico, o presbítero*	1871	Livro	Lisboa	Imprensa Nacional
III – 399, 1, 3	*Eurico, o presbítero*	1859	Livro	Lisboa	Imprensa Nacional
Obras Gerais – III – 002, 3, 45, n. 13/ARM	*Eurico, o presbítero*	2003	Livro	São Paulo	Planeta de Agostini
Obras Gerais – III – 379, 1, 64	*Eurico, o presbítero*	2012	Livro	Porto Alegre	Pradense
Obras Gerais – VI – 411, 6, 31	*Eurico, o presbítero*	2004	Livro	São Paulo	Martin Claret
Obras Gerais – ANEXO II – 710, 1, 1, n. 19	*Eurico, o presbítero*	2004	Livro	São Paulo	Rideel
Obras Gerais – V – 219, 5, 10	*Eurico, o presbítero*	2001	Livro	Porto Alegre	L&PM
Obras Gerais – I – 141, 5, 48	*Eurico, o presbítero*	1999	Livro	São Paulo	Ática
Obras Gerais – I – 26, 3, 51	*Eurico, o presbítero*	1997	Livro	Rio de Janeiro/ São Paulo	Ediouro/Publifolha
Obras Gerais – IV – 20, 8, 8	*Eurico, o presbítero*	1995	Livro	São Paulo	Núcleo
Obras Gerais – S. Braille/BEC	*Eurico, o presbítero*[138]	1990	Livro	São Paulo	Fundação para o Livro do Cego no Brasil
Obras Gerais – VI – 250, 1, 36	*Eurico, o presbítero*	1982	Livro	Amadora	Bertrand
Obras Gerais – IV – 314, 4, 38	*Eurico, o presbítero*	1971	Livro	São Paulo	Ática

138 O livro é em Braile.

Obras Gerais – II – 47, 1, 11	*Eurico, o presbítero*	1967	Livro	Rio de Janeiro	Tecnoprint
II – 128, 4, 6	*Eurico, o presbítero*	1961	Livro	São Paulo	Saraiva
Obras Gerais – ANEXO II – 748, 2, 36	*Eurico, o presbítero*	2005 (?)	Livro	São Paulo	Germape
Obras Gerais – ANEXO II – 810, 2, 54	*Eurico, o presbítero*	1987	Livro	Rio de Janeiro	Tecnoprint
Obras Gerais – V – 244, 5, 1	*Eurico, o presbítero*	194?	Livro	Amadora	Bertrand
Livros Raros – 028, 001, 015	*Eurico, o presbítero*	1890	Livro	Coimbra	Imprensa da Universidade
VI – 397, 4, 46	*Eurico, o presbítero*	191?	Livro	São Paulo	Círculo do Livro
II – 44, 4, 62	*Eurico, o presbítero*	1971	Livro	Rio de Janeiro	Tecnoprint
II – 5, 1, 23	*Eurico, o presbítero*	Sem registro da data	Livro	Rio de Janeiro	Tecnoprint
III – 299, 2, 26	*Eurico, o presbítero*	1978	Livro	Rio de Janeiro	O Pierre
Obras Gerais – IV – 52, 4, 14	*Eurico, o presbítero*	1996 (?)	Livro	Rio de Janeiro	Ediouro
II – 200, 5, 17	*Eurico, o presbítero/ A dama do "Pé-de-Cabra", romance de um trovador de século XI*	1972	Livro	São Paulo	Editora Três
II – 430, 2, 36	*Eurico, o presbítero*	Sem registro da data	Livro	Rio de Janeiro	Tecnoprint
II – 14, 6, 33	*Eurico, o presbítero*	Sem registro da data	Livro	São Paulo	Cultrix
II – 44, 6, 8	*Eurico, o presbítero*	1969	Livro	Rio de Janeiro	Tecnoprint
Obras Gerais – VI – 5, 1, 67	*Eurico, o presbítero*	1889	Livro	Lisboa e Rio de Janeiro	Sem registro da editora
Obras Gerais – VI – 283, 1, 37	*Eurico, o presbítero*	1879	Livro	Lisboa	Viúva Bertrand & C. Sucessores Carvalho & C.

Obras Gerais – VI – 287, 1, 27	*Eurico, o presbítero*	19--	Livro	Paris/ Rio de Janeiro	Livraria Aillaud e Bertrand: F. Alves
I – 293, 6, 25	*Eurico, o presbítero*	1893	Livro	Lisboa	Tipografia M. Moreira & Pinheiro
Livros Raros – 028, 001, 021	*Eurico*, roman-poéme, traduit du portugais (Avec texte em regard) / par David A. Cohen; précéde d'une introduction par S. Exc. J. da Silva Mendes Leal... Avec portrait de l'auteur	1883	Livro	Paris	Ch. Leroy successeur
I – 295, 5, 15	*Fragmentos literários*	1927	Livro	Rio de Janeiro	Graph Sauer
Livros Raros – 028, 003, 013	*Fragmentos literários*	1927	Livro	Rio de Janeiro	Graph Sauer
II – 35, 1, 52	*Herculano desconhecido (1851-1853)*	1971	Livro	Lisboa	Publicações Europa-América
II – 97, 1, 4	*Herculano, quadros literários da história medieval, peninsular e portuguesa*	1919	Livro	Paris-Lisboa	Aillaud e Bertrand
I – 332, 6, 2 – 3	*História da origem e estabelecimento da Inquisição em Portugal*	1945	Livro	São Paulo	F. Alves
Obras Gerais – VI – 314, 2, 70	*História da origem e estabelecimento da Inquisição em Portugal*	2011	Livro	Porto Alegre	Pradense
Obras Gerais – VI – 179, 4, 47	*História da origem e estabelecimento da Inquisição em Portugal*	2002	Livro	Porto Alegre	Pradense
Obras Gerais – II – 92, 1, 8	*História da origem e estabelecimento da Inquisição em Portugal*	1907	Livro	Rio de Janeiro	F. Alves
Obras Gerais – II – 261, 1, 22	*História da origem e estabelecimento da Inquisição em Portugal*	1907	Livro	Lisboa	J. Basto
II – 261, 1, 13 – 15	*História da origem e estabelecimento da Inquisição em Portugal*	1864-1872	Livro	Lisboa	Imprensa Nacional
VI – 285, 1, 45, – 47	*História da origem e estabelecimento da Inquisição em Portugal*	1907	Livro	Lisboa	J. Basto
II – 274, 1, 11 – 13	*História da origem e estabelecimento da Inquisição em Portugal*	1902	Livro	Lisboa	Tavares Cardoso

Obras Gerais – ANEXO II – 845, 3, 53 – 55	*História da origem e estabelecimento da Inquisição em Portugal*	1975	Livro	Amadora	Bertrand
Obras Gerais – V – 392, 1, 37	História da origem e estabelecimento da Inquisição em Portugal	1985 (?)	Livro	Lisboa	Publicações Europa-América
Obras Gerais – IV – 346, 2, 19	*História de Portugal: desde o começo da monarquia até o fim do reinado de Afonso III*	1980-1983	Livro	Amadora	Bertrand
Obras Gerais – VI – 97, 4, 12 – 15	*História de Portugal: desde o começo da monarquia até o fim do reinado de Afonso III*	188?	Livro	Lisboa	J. Basto
II – 273, 7, 22 – 25	*História de Portugal: desde o começo da monarquia até o fim do reinado de Afonso III*	1846-1853	Livro	Lisboa	Bertrand
I – 187, 4, 40	*História de Portugal: desde o começo da monarquia até o fim do reinado de Afonso III*	1914	Livro	Paris-Lisboa	Aillaud & Bertrand
I – 261, 4, 24 – 26	*História de Portugal: desde o começo da monarquia até o fim do reinado de Afonso III*	1888-1900	Livro	Lisboa	Tavares Cardoso & Irmãos
I – 261, 5, 11 – 14	*História de Portugal: desde o começo da monarquia até o fim do reinado de Afonso III*	1900-1903	Livro	Lisboa	Tavares Cardoso & Irmãos
II – 260, 3, 13 – 16	*História de Portugal: desde o começo da monarquia até o fim do reinado de Afonso III*	1863-1874	Livro	Lisboa	Viúva Bertrand
II – 272, 3, 13 – 16	*História de Portugal: desde o começo da monarquia até o fim do reinado de Afonso III*	1853-1862	Livro	Lisboa	Viúva Bertrand
II – 44, 6, 50	*Histórias Heroicas*	1972	Livro	Rio de Janeiro	Tecnoprint
Obras Gerais – I – 67, 2, 41	*Histórias Heroicas*	1987(?)	Livro	Rio de Janeiro	Tecnoprint
V – 430, 2, 10	*Histórias Heroicas*	1966	Livro	Rio de Janeiro	Tecnoprint
II – 118, 8, 23	*History of the origin and establishment of the inquisition in Portugal*	1926	Livro	California	Stanford University
Obras Gerais – IV – 45, 2, 64	*Lendas e narrativas*	2008	Livro	Porto Alegre	Pradense

Obras Gerais – VI – 250, 1, 34	*Lendas e narrativas*	1980-1981	Livro	Amadora	Bertrand
Obras Gerais – I – 121, 1, 3 – 4	*Lendas e narrativas*	1907	Livro	Rio de Janeiro	F. Alves
Obras Gerais – ANEXO II – 846, 4, 42	*Lendas e narrativas*	1982	Livro	Lisboa	Publicações Europa-América
Obras Gerais – I – 139, 3, 70 – 71	*Lendas e narrativas*	19--	Livro	Lisboa	Bertrand
V – 346, 2, 4 – 5	*Lendas e narrativas*	1851	Livro	Lisboa	Casa da viúva Bertrand e filhos
I/869. 3/H5391/3. ed	*Lendas e narrativas*	1865	Livro	Lisboa	Viúva Bertrand
Obras Gerais – V – 346, 3, 1 – 2	*Lendas e narrativas*	1851	Livro	Lisboa	Casa da viúva Bertrand e filhos
808. 8/c614/v. 18	*Lendas e narrativas*	1948	Livro	Rio de Janeiro	W. M. Jackson
II – 197, 1, 7 – 15	*Monumentos pátrios; Da propriedade literária; Carta à Academia das sciencias.*	1873	Livro	Lisboa	Viúva Bertrand
Livros Raros – 028, 002, 005 ex. 1	*O Alcaide de Santarém*	Sem registro da data	Livro	Lisboa	Sem registro da editora
Obras Gerais – ANEXO II – 358, 5, 11, n. 23	*O bobo*	2007	Livro	São Paulo	Martin Claret
Obras Gerais – I – 6, 5, 22	*O bobo*	1997	Livro	São Paulo	Ática
Obras Gerais – III – 8, 1, 43	*O bobo* (mais *O arco de Sant'Ana*, de Almeida Garrett)	1959	Livro	São Paulo	W. M. Jackson
Obras Gerais VI – 431, 1, 12	*O bobo* (mais *O arco de Sant'Ana*, de Almeida Garrett)	1952	Livro	São Paulo	W. M. Jackson
Obras Gerais – I – 127, 1, 1	*O bobo* (mais *O arco de Sant'Ana*, de Almeida Garrett)	1947	Livro	São Paulo	W. M. Jackson

Obras Gerais VI – 204, 2, 11	*O bobo*	1987	Livro	Rio de Janeiro	Tecnoprint
Obras Gerais – VI – 333, 3, 64	*O bobo*	1978	Livro	Amadora	Bertrand
Obras Gerais – I – 6, 6, 17	*O bobo*	19--	Livro	Rio de Janeiro	Gamma
Obras Gerais – VI – 5, 1, 68	*O bobo*	19--	Livro	Lisboa; Rio de Janeiro	Bertrand; F. Alves
Obras Gerais – VI – 287, 1, 29	*O bobo*	19--	Livro	Paris; Rio de Janeiro	Aillaud e Bertrand; F. Alves
II – 44, 3, 37	*O bobo*	1969	Livro	Rio de Janeiro	Tecnoprint
II – 3, 2, 16	*O bobo*	1972 (?)	Livro	Rio de Janeiro	Tecnoprint
II – 44, 6, 49	*O bobo*	1972 (?)	Livro	Rio de Janeiro	Tecnoprint
I – 293, 1, 22	*O bobo*	1945	Livro	Rio de Janeiro	Ed. Aurora
I – 301, 5, 39	*O bobo*	1866	Livro	Rio de Janeiro	Tipografia Perseverança
V – 295, 1, 25	*O bobo*	1966	Livro	Rio de Janeiro	Tecnoprint
II – 258, 1, 1	*O bobo*	1878	Livro	Lisboa	Viúva Bertrand
Livros Raros – 028, 002, 003	*O bobo*	1866	Livro	Rio de Janeiro	Liv. Popular [Tipografia Perseverança]
Livros Raros – 028, 002, 003	*O bobo*	1866	Livro	Rio de Janeiro	Liv. Popular [Tipografia Perseverança]
Livros Raros – 028, 002, 004	*O bobo*	1907	Livro	Rio de Janeiro	Livraria Francisco Alves
II – 260, 2, 13	*O bobo*	Sem registro da data	Livro	Lisboa	J. Basto
IV – 351, 3, 4	*O bobo*	1967	Livro	São Paulo	Difusão Europeia do Livro

Livros Raros – 028, 002, 028 n. 003	*O casamento civil: Resposta ao Sr. Alexandre Herculano*[139]	1865	Livro	Lisboa	Tipografia Sociedade Tipografia Franco-Portuguesa
II – 104, 7, 1, n. 4	*O casamento civil perante os princípios, terceira resposta ao Sr. Alexandre Herculano*[140]	1866	Livro	Lisboa	Imprensa Nacional
Livros Raros – 028, 002, 028 n. 006	*O casamento civil perante a Carta constitucional: segunda resposta ao Sr. Alexandre Herculano por Dom Antônio Costa*[141]	1866	Livro	Lisboa	Imprensa Nacional
III – 128, 5, 24, n. 4	*O casamento civil perante a carta constitucional, segunda resposta ao Sr. Alexandre Herculano*[142]	1866	Livro	Lisboa	Imprensa Nacional
II – 104, 7, n. 2	*O casamento civil, resposta ao Sr. Herculano*[143]	1865	Livro	Lisboa	Tipografia da Sociedade Propagadora dos conhecimentos Uteis
Livros Raros – 028, 002, 026 n. 004	*O clero e o Sr. Alexandre Herculano*[144]	1859	Livro	Lisboa	Imprensa de Francisco Xavier de Souza
Obras Gerais – – 121, 1, 25	*O monasticon*	1848	Livro	Lisboa	Imprensa Nacional
Obras Gerais – VI – 285, 1, 43 – 44	*O Monge de Cister*	1907	Livro	Rio de Janeiro	F. Alves
I – 293, 1, 5	*O Monge de Cister*	1950	Livro	São Paulo	Gráfica Editora Brasileira ltda
II – 429, 6, 53 – 54	*O Monge de Cister*	1907	Livro	Rio de Janeiro	F. Alves

139 Não é uma carta do Herculano, porém considerando o tema da pesquisa decidimos incluir esta carta.

140 O mesmo da nota anterior.

141 Mesmo caso da anterior.

142 Mesmo caso da anterior.

143 Mesmo caso da anterior.

144 Mesmo caso da anterior.

Obras Gerais – VI – 331, 4, 55	*O Monge de Cister*	1977-1978	Livro	Amadora	Bertrand
Obras Gerais – II – 76, 1, 34	*O Monge de Cister*	1966	Livro	Rio de Janeiro	Tecnoprint
Obras Gerais – VI – 318, 3, 46	*O Monge de Cister*	1986	Livro	Rio de Janeiro	Tecnoprint
II – 92, 4, 22n. 1n. 2	*O Monge de Cister*	1964	Livro	São Paulo	Saraiva
III – 37, 11, 34 – 35	*O Monge de Cister*	1859	Livro	Lisboa	Imprensa Nacional
I/869. 3/H539m	*O Monge de Cister*	1848	Livro	Lisboa	Imprensa Nacional
II – 44, 4, 63	*O Monge de Cister*	1971	Livro	Rio de Janeiro	Tecnoprint
Periódicos Raros – P02B, 04, 05 – 23	*O Panorama*: jornal litterario, instructivo da Sociedade Propagadora dos Conhecimentos Uteis	1837-1868	Periódico	Lisboa	Tipografia da Sociedade
II – 213, 1, 2	*Obras*	194(?)	Livro	São Paulo	Editora Cultura
Obras Gerais – I – 56, 1, 7	*Os melhores contos de Alexandre Herculano*	1987	Livro	São Paulo	Círculo do Livro
Livros Raros – 085, 001, 049	*Poesia completa e prosa escolhida*. *Manoel Bandeira*: A vida e Obra do Poeta; *A poética de Gonçalves Dias*. *Antônio Houaiss*: Textos dos Poemas. *Alexandre Herculano*: Futuro Literário de Portugal e do Brasil (Prólogo dos Cantos)	1959	Livro	Rio de Janeiro	José Aguilar
Obras Gerais – II – 195, 3, 40	*Poesias*	2011	Livro	Porto Alegre	Pradense
Obras Gerais – II – 260, 2, 14	*Poesias*	1907	Livro	Lisboa	J. Bastos
Livros Raros – 028, 002, 008	*Poesias*	1907	Livro	Rio de Janeiro	Livraria Francisco Alves
Livros Raros – 028, 002, 007	*Poesias*	1894	Livro	Lisboa	Livraria de Tavares Cardoso & Irmãos: [Tipografia Mattos Moreira & Pinheiro]
II – 93, 1, 28	*Poesias*	1950	Livro	Lisboa	Viúva Bertrand

IV – 157, 2, 22	*Poesias*	1925	Livro	Paris	Aillaud e Bertrand
Livros Raros – 052, 005, 006 – 009 ex. 1	*Portvgalia monumenta historica a saecvlo octavo poet Christvm, vsque ad qvintvmdedecimvm, ivssv Academia Scientiarvm Olosiponensis edita*	1856-1888	Livro	Olisipon	Typis Academicis
IV – 122, 1, 3	*Questões Públicas*	1871	Livro	Lisboa	Viúva Bertrand
II – 197, 1, 4 – 6	*Questões Públicas*	1900	Livro	Lisboa	Tavares Cardoso
II – 57, 3, 26	*Roteiro da viagem de Vasco Da Gama em MCCCCXC-VII*	1861	Livro	Lisboa	Imprensa Nacional
Livros Raros – 028, 002, 026 n. 11	*Solemnia verba. Cartas ao Senhor L. Maggessi Tavares sobre a questão actual entre a verdade e uma parte do clero*	1850	Livro	Lisboa	Imprensa Nacional
Livros Raros – 028, 003, 014	*Trechos escolhidos de Alexandre Herculano que revelam a sua crença*	1910(?)	Livro	Lisboa	Livraria Evangélica
Livros Raros – 028, 003, 015	*Trechos litterarios de Alexandre Herculano e cartas do mesmo e de outros escriptores illustres a Guiomar Torrezão. Collecionadas, publicadas e editadas por sua irmã, com prefacio do dr. Armelim Junior*	1910(?)	Livro	Lisboa	Tipografia Leiria
II – 105, 1, 4	*Types portuguezes e outros escriptes*	1895	Livro	Rio de Janeiro	Alfarrabista Brasileiro, Rodrigues de Paiva
Obras Gerais – V – 248, 1, 4, n. 17	*Types portuguezes: O Gallego*	1895	Livro	Rio de Janeiro	Editor Alfarrabista Brasileiro, Rodrigues de Paiva & Comp.
Livros Raros – 028, 002, 001	*Types portuguezes e outros escriptes*	1895	Livro	Rio de Janeiro	Editor Alfarrabista Brasileiro, Rodrigues de Paiva & Comp.
Livros Raros – 028, 002, 002	*Types portuguezes: O galego*	1895	Livro	Rio de Janeiro	Editor Alfarrabista Brasileiro, Rodrigues de Paiva & Comp.

Fonte: Elaborado por Samuel Araújo Costa.

Tabela II – Obras Encontradas no Real Gabinete Português de Leitura

Localização da Obra	Título da Obra	Ano de Publicação	Tipo de Obra	Local de Impressão	Publicadora
26 A 50 A	*Poesias*	1860	Livro	Lisboa	Casa da Viúva Bertrand e Filhos
MISC 103-4	*Casamento Civil*	sem registro	Livro	Sem registro do local	Sem registro da publicadora
16 S 17 A	*Trechos selecionados das "Lendas e narrativas"*	Sem registro da data	Livro	Lisboa	Livraria Didactica Editora
62 O 7 A	*Eurico, o presbítero*	Sem registro da data	Livro	Mem Martins	Publicações Europa-América
MISC 188-23	*O Alcaide de Santarém*	18––	Livro	Lisboa	Sem Registro da publicadora
36 H 77	*Composições varias*	Sem registro da data	Livro	Paris-Lisboa	Livraria Aillaud / Bertrand
24 M 50-51	*O Monge de Cister; Ou, a Epocha de D. Joao I*	Sem registro da data	Livro	Lisboa	Livraria Bertrand
24 M 64	*O bobo*	Sem registro da data	Livro	Lisboa	Livraria Bertrand
8 U 32	*Eurico o presbytero*	Sem registro da data	Livro	Lisboa	Livraria Bertrand
5 TT 7	*Eurico o presbytero*	Sem registro da data	Livro	Lisboa	Livraria Bertrand
212 A 55	*A harpa do crente*	1980	Livro	Lisboa	Publicações Europa-América
33 M 10	*Opúsculo: Questões publicas*	1873	Livro	Lisboa	Casa da Viúva Bertrand e Filhos
ARM 18 F 15-18	*História de Portugal*	1847-1858	Livro	Lisboa	Casa da Viúva Bertrand e Filhos
26 A 52 A	*O monasticon: O Monge de Cister; Ou, a Epocha de D. Joao I*	1859	Livro	Lisboa	Casa da Viúva Bertrand e Filhos
MISC 96-8	*Lendas e narrativas*	1971	Livro	Sem registro do local	Sem registro da publicadora

33 J 83 A	*A reacção Ultramontana em Portugal ou a concordata de 21 de fevereiro*	1857	Livro	Lisboa	Typographia de Jose Morando
29 NN 23 A	*O Monge de Cister ou A época de D. Joao I*	1966	Livro	Rio de Janeiro	Edições de Ouro
125 B 36	*Cenas de um ano da minha vida*: poesia e meditação [1831-1832]; apontamento de viagem: 1853-1854]	1973	Livro	Lisboa	Livraria Bertrand
32 U 37-40	*História de Portugal desde o começo da monarchia até o fim do reinando de Afonso II*	1915-1916	Livro	Paris-Lisboa	Livraria Aillaud/ Bertrand
8 U 41 A	*Eurico, o presbítero*	1944	Livro	Lisboa	Livraria Bertrand
50 D 13 A	*Apologos dialogaes*	1900	Livro	Lisboa	Sem registro da publicadora
15 Z 15-17	*Cartas de Vale de Lobos ao 3º Duque Palmela e a Jose Candido dos Santos*	1980-81	Cartas	Lisboa	Livraria Bertrand
12 VV 43	*O monasticon: Eurico, o presbítero*	1979	Livro	Lisboa	Livraria Bertrand
33 M 9	*Opusculos*: controversias e estudos históricos	1876	Livro	Lisboa	Casa da Viúva Bertrand e Filhos
25 J 1	*A voz do propheta*	1837	Livro	Rio de Janeiro	Typ. Imperial e const. J. C. Villeneuve
24 J 50	*A harpa do crente*	1838	Livro	Lisboa	Typ. Soc. Sociedade Propagadora dos Conhecimentos Uteis
7 K 42	*O monasticon: Eurico, o presbytero*	1876	Livro	Lisboa	Casa da Viúva Bertrand e Filhos
702 C 25	*Alexandre Herculano*: o escritor – antologia	2010	Livro	Lisboa	Imprensa Nacional – Casa da Moeda
9 UU 6-7	*Lendas e narrativas*	1858-1859	Livro	Lisboa	Casa da Viúva Bertrand e Filhos
115 A 42	*O bispo negro; Arras por foro de Espanha*	1971	Livro	Lisboa	Verbo
125 B 37	*O bobo*	1972	Livro	Lisboa	Livraria Bertrand
130 B 37-38	*Lendas e narrativas*	1974	Livro	Lisboa	Livraria Bertrand
57 V 6	*Roteiro de viagem de Vasco da Gama em MCCCCXCVII*	1861	Livro	Lisboa	Imprensa Nacional
7 k 37-39	*História da origem e estabelecimento da inquisição em Portugal*	1879-80	Livro	Lisboa	Casa da Viúva Bertrand e Filhos
29 P 35	*Lendas e narrativas*	1858	Livro	Lisboa	Casa da Viúva Bertrand e Filhos
9 UU 10-11	*Lendas e narrativas*	1907	Livro	Rio de Janeiro	Livraria Francisco Alves
ARM 13 D 55	Considerações pacíficas sobre o opúsculo Eu e o Clero: carta ao redactor do periodico "A nação"	1850	Cartas	Lisboa	Imprensa Nacional

ARM 12 C 3	*Eurich, der priefter der gothen*	1847	Livro	Leipzig	F. u. Brodhaus
56 O 29-30	*O Monge de Cister; Ou, a Epocha de D. Joao I*	1869	Livro	Lisboa	Imprensa Nacional
CC1 5 C 35 A	*Lendas e narrativas*	1992	Livro	Lisboa	Livraria Bertrand
411 E 22 A	*Lendas e narrativas*	2004	Livro	Não registro do local	Sem registro da publicadora
26 A 60 A	*Opúsculo: Questões públicas*	1873	Livro	Lisboa	Casa da Viúva Bertrand e Filhos
26 A 63 A	*Opusculos*: controversias e estudos históricos	1881	Livro	Lisboa	Viúva Bertrand & c.ª
25 F 36	*Solemnia verba: cartas ao senhor I. Magessi Tavares sobre a questão actual entre a verdade e uma parte do clero*	1850	Cartas	Lisboa	Imprensa Nacional
28 L 31	*Opusculos*: Questões públicas	1880	Livro	Lisboa	Viúva Bertrand & c.ª
12 L 52	*Roteiro de viagem de Vasco da Gama em MCCCCXCVII*	1861	Livro	Lisboa	Imprensa Nacional
19 RR 38	*Opusculos*: controversias e estudos históricos	1891	Livro	Lisboa	Tavares Cardoso & Irmão editores
10 Z 47	*O monasticon: Eurico, o presbytero*	1879	Livro	Lisboa	Viúva Bertrand & c.ª
ARM 13 D 55	*Cartas ao muito reverendo em Christo: Padre Francisco Recreio*	1850	Cartas	Lisboa	Typographia Castro & Irmão
ARM 12 D 32	*História de Portugal*	1846	Livro	Lisboa	Casa da Viúva Bertrand e Filhos
ARM 12 D 41-44	*História de Portugal*	1853-1862	Livro	Lisboa	Casa da Viúva Bertrand e Filhos
62 M 3-6	*História de Portugal desde o começo da monarchia até o fim do reinando de Afonso III*	1863-1864	Livro	Lisboa	Casa da Viúva Bertrand e Filhos
MISC 508 ---12	*Seleção de Lendas e narrativas*	1949	Livro	Lisboa	Livraria Studium Editora
48 O 36 A	*Frei Luis de Sousa; lendas e narrativas*	1965	Livro	Lisboa	Sem registro da publicadora
MISC 110-10	*Eu e o clero: carta ao cardeal-patriarcha*	1850	Cartas	Lisboa	Imprensa Nacional
MISC 103-5	*Casamento Civil*	1866	Livro	Lisboa	Typographia de J. G. de Sousa Neves
MISC 110---7	*A batalha d'Ourique e a sciencia arabico-academica: carta ao redactor da semana*	1851	Cartas	Lisboa	Imprensa Nacional
MISC 110-12	Considerações pacíficas sobre o opúsculo Eu e o Clero: carta ao redactor do periodico "A nação"	1860	Cartas	Lisboa	Imprensa Nacional

220 A 25	*O pároco de aldeia; O galego:* (vida, ditos e feitos de Lázaro Tomé)	1981	Livro	Porto	Lello & irmão editores
48 N 30	*Estudos sobre o casamento civil por occasiao de Opúsculo de sr. Visconde de Seabra sobre Este assumpto*	1866	Sem registro do tipo de obra	Lisboa	Typographia Universal
ARM 12 B 44-45	*O monasticon: O Monge de Cister; Ou, a Epocha de D. Joao I*	1848	Livro	Lisboa	Casa da Viúva Bertrand e Filhos
ARM 12 B 8-9	*O Monge de Cister; Ou, a Epocha de D. Joao I*	1859	Livro	Lisboa	Imprensa Nacional
120 A 35	*O bobo*	Sem registro da data de publicação	Livro	Lisboa	Livraria Bertrand
15 Z 10-14	*História de Portugal desde o da monarchia até o fim do reinando de Afonso III*	1980-81	Livro	Lisboa	Livraria Bertrand
38 MM 23	*Eurico, o presbítero*	Sem registro Da data de publicação	Livro	Sem registro	Sem registro da publicadora
CC2 12 A 27	*O bobo*	Sem registro da data da publicação	Livro	Lisboa; Rio de Janeiro	Bertrand; ed. Paulo de Azevedo
235 B 45	*O bobo*	1986	Livro	Lisboa	Marujo Editora
26 A 64 A	*O bobo*	1878	Livro	Lisboa	Viúva Bertrand & c.ª – Successores, Carvalho & cª
54 Q 24 A	*Opúsculo: Questões Publicas*	1983	Livro	Lisboa	Editora Presença
54 Q 25 A	*Opúsculo: Questões Publicas*	1984	Livro	Lisboa	Editora Presença
28 NN 60 A	*O bobo*	1866	Livro	Rio de Janeiro	Livraria Popular
20 O 29	*A harpa do crente*: tentativas poéticas	1838	Livro	Lisboa	Typographia da Sociedade Propagadora dos Conhecimentos Uteis

ARM 23 A 5-7	*Da origem e Estabelecimento da Inquisição em Portugal: Tentativa histórica*	1854-59	Livro	Lisboa	Imprensa Nacional
CC1 7 C 29	*Eurico, o presbítero*	1991	Livro	Porto	Porto Editora
CC1 7 E 51 A	*O bobo*	1992	Livro	Lisboa	Editora Ulisseia
CC1 9 D 56 A	*Lendas e narrativas*	1995	Livro	Lisboa	Livraria Bertrand
39 OO 13	*Solemnia verba: cartas ao senhor I. Magessi Tavares sobre a questão actual entre a verdade e uma parte do clero*	1850	Cartas	Lisboa	Imprensa Nacional
53 X 19	*Opusculos*: controversias e estudos históricos	1884	Livro	Lisboa	Viúva Bertrand & cª.
28 L 34	*Opusculos*: controversias e estudos históricos	1886	Livro	Lisboa	Viúva Bertrand & cª.
19 RR 43	*Opusculos*: Questões públicas	1901	Livro	Lisboa	Tavares Cardoso & Irmão editores
ARM 16 F 12	*Lendas e narrativas*	Sem registro da data	Livro	Lisboa	Amigos dos livro, editores
MISC 154---11	*O Alcaide de Santarém*	Sem registro da data	Livro	Lisboa	Sem registro da publicadora
28 SS 1-2	*Lendas e narrativas*	1882	Livro	Lisboa	Casa da Viúva Bertrand e Filhos
19 RR 46	*Poesias*	1904	Livro	Lisboa	Livraria editora Viúva Tavares Cardoso
13 XX 13-14	*Lendas e narrativas*	1865	Livro	Lisboa	Casa da Viúva Bertrand e Filhos
56 O 31	*O monasticon: Eurico, o presbytero*	1847	Livro	Lisboa	Imprensa Nacional
ARM 4 D 13	*A voz do propheta*	1837	Livro	Lisboa	Typ. Patriotica, de C. J. da Silva
CC1 11 C 14 A	*Lendas e narrativas*	1987	Livro	Mem Martins	Publicações Europa-América
CC1 15 B 21 A	*Lendas e narrativas*	1907	Livro	Lisboa	Livraria Bertrand
14 B 46	*Da Propriedade litteraria e da recente convenção com França: carta ao senhor Visconde d'Almeida*	1851	Cartas	Lisboa	Imprensa Nacional
238 B 33	*História de Portugal: 1211-1223*	1983	Livro	Lisboa	Ulmeiro
53 X 18	*Opusculos*: controversias e estudos históricos	1881	Livro	Lisboa	Viúva Bertrand & cª.
32 U 35	*Antologia portuguesa*: quadros literários da História medieval, peninsular e portuguesa	1921	Livro	Paris-Lisboa	Livrarias Aillaud e Bertrand
8 UU 43 A	*Antologia portuguesa*: quadros literários da História medieval, peninsular e portuguesa	1919	Livro	Paris-Lisboa	Livrarias Aillaud e Bertrand

39 OO 12	*Eu e o clero: carta ao em.mo cardeal-patriarcha*	1850	Cartas	Lisboa	Imprensa Nacional
55 T 45	*O casamento civil ou os hypocritas desmascrados*	1865	Livro	Porto	Imprensa Popular de J. I. de Sousa
53 Z 9	*Da eschola polytechnica do collegio dos nobres*	1841	Livro	Lisboa	Typ. Soc. Sociedade Propagadora dos Conhecimentos Uteis
14 VV 8	*O monasticon: Eurico, o presbytero*	1859	Livro	Lisboa	Imprensa Nacional
55 M 7	*Os infantes em Ceuta*	1844	Livro	Lisboa	Typ. Soc. Sociedade Propagadora dos Conhecimentos Uteis
19 RR 40	*Opusculos*: controversias e estudos historicos	Sem registro da data	Livro	Lisboa	Antiga Casa Bertrand – Jose Bastos ed.
62 P 28-29	*História de Portugal desde o começo da monarchia até o fim do reinando de Afonso III*	Sem registro da data	Livro	Paris-Lisboa	Livrarias Aillaud e Bertrand
CC2 19 D 69 A	*Eurico, o presbítero*	Sem registro da data	Livro	Lisboa	Livraria Bertrand
ARM 16 A 14	*Eurico, o presbítero*	1986	Livro	Lisboa	Círculo de leitores
56 S 80	*Lendas e narrativas*	2003	Livro	Mem Martins	Publicações Europa-América
13 K 10	*Poesias*	1872	Livro	Lisboa	Casa da Viúva Bertrand e Filhos
19 A 25	*Poesias*	1860	Livro	Lisboa	Casa da Viúva Bertrand e Filhos
49 B 18	*Composições várias*	Sem registro da data	Livro	Lisboa	Livraria Bertrand
13 VV 54	*A voz do propheta*	1837	Livro	Lisboa	Typographia Imp. e Const. de J. Villeneuve e Cª
MISC 427---4	*Eurico*: o Cavaleiro negro[145]	1878	Livro	Rio de Janeiro	Typ. A vapor de A. Marques & C.
25 F 36	*Eu e o clero: carta ao em.mo cardeal-patriarcha*	1850	Carta	Lisboa	Imprensa Nacional
12 VV 44	*História da Origem e e estabelecimento da inquisição em Portugal*	1979	Livro	Lisboa	Livraria Bertrand
182 A 57	*O bobo*	1977	Livro	Lisboa	Círculo de leitores

145 É uma adaptação do livro *Eurico, o presbítero* no formato de uma ópera por Pedro Augusto de Lima.

29 NN 29 A	*Eurico, o presbítero*	1966	Livro	Rio de Janeiro	Edições de Ouro
125 B 35	*O monasticon: Eurico, o presbítero*	1972	Livro	Lisboa	Livraria Bertrand
12 Q 81 A	*História da origem e estabelecimento da inquisição em Portugal*	1981	Livro	Lisboa	Livraria Bertrand
28 S 10-11	*Lendas e narrativas*	Sem registro de data	Livro	Lisboa	Livraria Bertrand
212 A 61	*O bobo*	Sem registro de data	Livro	Mem Martins	Publicações Europa-América
8 U 30-31	*Lendas e narrativas*	Sem registro de data	Livro	Lisboa	Livraria Bertrand
15 U 7-8	*História da origem e estabelecimento da inquisição em Portugal*	Sem registro de data	Livro	Lisboa	Livraria Bertrand
CC1 13 E 50-51 A	*O Monge de Cister; Ou, a Epocha de D. Joao I*	Sem registro de data	Livro	Lisboa	Livraria Bertrand
5 UU 26-27	*Cartas*	Sem registro de data	Cartas	Lisboa	Livraria Bertrand
14 K 11 A	*Opusculos: Questões públicas*	Sem registro de data	Livro	Lisboa	Livraria Bertrand
CC1 25 F 41	*Afluência Extraordinária a Braga*	2000	Livro	Braga	Fundação Cultural Bracara Augusta
19 RR 37	*Opusculos: Questões públicas*	1900	Livro	Lisboa	Tavares Cardoso & Irmão editores
MISC 1151—4	[antologia de textos literários]	1977-78	Livro	Lisboa	Sem registro da publicadora
37 R 59	*Cartas inéditas de Alexandre Herculano a Joaquim Filipe de Soure*	1946	Cartas	Lisboa	Fernandes & cª
ARM 10 E 27	*Trechos Litterarios de Alexandre Herculano e Cartas do Mesmo e de Outros Escriptores Illustres A Guiomar Torrezão*	1910	Livro	Lisboa	Typographia Lleiria
MISC 124---5	*O Alcaide de Santarém*	Sem registro de data	Livro	Lisboa	Sem registro da publicadora
51 V 16	*O bobo*	Sem registro de data	Livro	Lisboa	Imprensa Nacional

56 S 38-39	*Cartas*	Sem registro de data	Carta	Rio de Janeiro -Paris	Livraria Francisco Alves e Livraria Aillaud
CC2 19 D 72 A	*Lendas e narrativas*	Sem registro de data	Livro	Porto Alegre	Edições “a Nação”
CC2 12 A 13-20	*História de Portugal desde o começo da monarchia até o fim do reinado de Afonso III*	Sem registro de data	Livro	Lisboa	Livraria Bertrand
ARM 16 A 13	*O bobo*	1986	Livro	Lisboa	Círculo de leitores
25 F 36	*A batalha d’Ourique e a sciencia arabico-academica: carta ao redactor da semana*	1851	Carta	Lisboa	Imprensa Nacional
22 G 22-25	*História de Portugal*	1846-53	Livro	Lisboa	Casa da Viúva Bertrand e Filhos
27 UU 36	*Eu e o clero: carta ao em.mo cardeal-patriarcha*	1850	Carta	Lisboa	Imprensa Nacional
27 UU 36	*A batalha d’Ourique e a sciencia arabico-academica: carta ao redactor da semana*	1860	Carta	Lisboa	Imprensa Nacional
52 Q 21	*Eurico*	1883	Livro	Lisboa	Librairie de J. H. Truchy
56 MM 48	*A harpa do crente*	1838	Livro	Lisboa	Typ. Sociedade Propagadora dos Conhecimentos Uteis
45 S 9-10 A	*O monasticon: O monge de Cister ou A época de d. Joao I*	Sem registro de data	Livro	Lisboa	Livraria Bertrand
ARM 21 B 7-8	*O Monge de Cister*	Sem registro da data	Livro	Lisboa	Amigos do livro
31 SS 26	*Estudos sobre o casamento civil por occasiao de Opusculo de sr. Visconde de Seabra sobre este assumpto*	Sem registro da data	Sem registro do tipo de obra	Lisboa	Antiga casa Bertrand – José Bastos Ed.
42 N 41 A	*Eurico, o presbítero*	1939	Livro	São Paulo	Emp. Editora Brasileira
29 NN 28 A	*Histórias heroicas: A batalha de Crissus; O Alcaide de Santarém; A dama Pé-de-cabra*	1966	Livro	Rio de Janeiro	Edições de Ouro
41 V 10	*Os melhores contos históricos de Portugal*	1943	Livro	Rio de Janeiro	Dois mundos Editora

28 K 57	*Estudos sobre o casamento civil por occasiao do Opusculo de sr. Visconde de Seabra sobre este assumpto*	1866	Sem registro do tipo de obra	Lisboa	Typographia Universal
28 k 74	*Estudos sobre o casamento civil por occasiao do Opusculo de sr. Visconde de Seabra sobre este assumpto*	1866	Sem registro do tipo de obra	Lisboa	Typographia Universal
27 UU 36	*Considerações pacíficas sobre o opusculo "Eu e o Clero": carta ao redactor do periodico "A nação"*	1860	Carta	Lisboa	Imprensa Nacional
27 UU 36	*Solemnia verba: cartas ao senhor I. Magessi Tavares sobre a questão actual entre a verdade e uma parte do clero*	1850	Carta	Lisboa	Imprensa Nacional
MISC 35---3	*Carta ao muito reverendo em Christo: Padre Francisco Recreio*	1801[146]	Carta	Lisboa	Typographia Castro & Irmão
7 V 74 A	*Opusculos*: controvérsias e estudos históricos	1985	Livro	Lisboa	Editorial Presença
38 PP 30	*Da propriedade litteraria e da recente convenção com França*: carta ao senhor Visconde d'Almeida-Garrett	1851	Carta	Lisboa	Imprensa Nacional
419 E 58	*A reacção Ultramontana em Portugal ou a concordata de 21 de fevereiro*	1857	Livro	Lisboa	Typographia de José Baptista Morando
33 M 11	*Opusculos*: Questões públicas	1873	Livro	Lisboa	Viúva Bertrand & cª.
26 A 54-55 A	*Lendas e narrativas*	1858-59	Livro	Lisboa	Casa da Viúva Bertrand e Filhos
404 A 56-58 A	*Da origem e Estabelecimento da Inquisição em Portugal*: Tentativa histórica	1854-59	Livro	Lisboa	Imprensa Nacional
27 TT 8-9	*Lendas e narrativas*	1882	Livro	Lisboa	Viúva Bertrand & cª.
27 UU 36	*A reacção Ultramontana em Portugal ou a Concordata de 21 de fevereiro*	1857	Livro	Lisboa	Typographia de José Baptista Morando
19 RR 36	*Opusculos*: Questões públicas	1897	Livro	Lisboa	Tavares Cardoso & Irmão editores

146 Ou a data está errada ou o autor está, pois o Herculano ainda não era nascido.

19 RR 39	*Opusculos*: Questões públicas	1901	Livro	Lisboa	Tavares Cardoso & Irmão editores
19 RR 44-45	*Lendas e narrativas*	1907	Livro	Lisboa	Antiga casa Bertrand – José Bastos Ed.
24 LL 47	*Sobre História e historiografia/* (da história de Portugal e dos Opúsculos)	1937	Livro	Lisboa	Sem registro da publicadora
46 F 37	*A harpa do crente*: tentativas poéticas	1838	Livro	Lisboa	Typ. Sociedade Propagadora dos Conhecimentos Uteis
29 NN 27 A	*Histórias heroicas: A batalha de Crissus; O Alcaide de Santarém; A dama Pé-de-cabra*	1966	Livro	Rio de Janeiro	Edições de Ouro
109 B 22	*O pároco de aldeia; O galego:* (vida, ditos e feitos de Lázaro Tomé)	1969	Livro	Lisboa	Livraria Bertrand
16 C 7	*A reaccao ultramontana em Portugal ou a Concordata de 21 de fevereiro*	1857	Livro	Lisboa	Typographia de José Baptista Morando
28 K 75	*Estudos sobre o casamento civil por occasiao de de sr. Visconde de Seabra sobre este assumpto*	1866	Sem registro do tipo da obra	Lisboa	Typographia Universal
33 J 79 A	*Solemnia verba: cartas ao senhor I. Magessi Tavares sobre a questão actual entre a verdade e uma parte do clero*	1850	Carta	Lisboa	Imprensa Nacional
MISC 110-9	*Eu e o clero: carta ao em.mo cardeal -patriarcha*	1850	Carta	Lisboa	Imprensa Nacional
176 B 30	*O monasticon: O Monge de Cister ou a epocha de d. Joao I*	1978	Livro	Lisboa	Livraria Bertrand
180 B 14	*Um homem e uma ideologia na construção de Portugal*	1979	Livro	Lisboa	Livraria Bertrand
CC1 4 E 6 A	*Eurico, o presbítero*	1994	Livro	Lisboa	Editora Ulisseia
51 S 26	*Antologia portuguesa*: quadros literários da História medieval, peninsular e portuguesa	1919	Livro	Paris-Lisboa	Livrarias Aillaud e Bertrand
ARM 13 D 56	*Solemnia verba: cartas ao senhor I. Magessi Tavares sobre a questão actual entre a verdade e uma parte do clero*	1850	Carta	Lisboa	Imprensa Nacional
62 M 8	*História de Portugal*	1853	Livro	Lisboa	Casa da Viúva Bertrand e Filhos
CC1 1 C 18	*Eurico, o presbítero*	1992	Livro	Porto	Porto Editora
CC1 7 C 28	*Eurico, o presbítero*	1994	Livro	Porto	Porto Editora

CC1 11 E 29-30 A	*História da Origem e estabelecimento da inquisição em Portugal*	1945	Livro	São Paulo	Livraria Francisco Alves
42 PP 72 A	*O castelo de Faria*	1997	Livro	Lisboa	Sem registro da publicadora
238 B 32	*História de Portugal*: 1185-1211	1983	Livro	Lisboa	Ulmeiro
39 OO 13	*Considerações pacíficas sobre o Opusculo "eu e o clero": carta ao redactor do periódico "A nação"*	1850	Carta	Lisboa	Imprensa Nacional
ARM 16 A 17-21	*História de Portugal*	1987	Livro	Lisboa	Círculo de leitores
38 PP 31	*Da propriedade litteraria e da recente convenção com França*: carta ao senhor Visconde d'Almeida-Garrett	1851	Carta	Lisboa	Imprensa Nacional
39 S 32	*Eurico, o presbytero*	1907	Livro	Lisboa	Livraria Francisco Alves
ARM 13 D 55	*Eu e o clero: carta ao em.mo cardeal-patriarcha*	1850	Carta	Lisboa	Imprensa Nacional
ARM 12 B 19-20	*Lendas e narrativas*	1851	Livro	Lisboa	Casa da Viúva Bertrand e Filhos
54 X 2	*Leyendas y narraciones: El párroco de aldeia; de Jersey a Granville*	1883	Livro	Madrid	Imprensa de Fortanet
ARM 12 C 23-24	*O monasticon: Eurico, o presbytero; O Monge de Cister*	1867	Livro	Leipzig	F. A. Brockhaus
53 X 14	*Opusculos*: Questões públicas	1873	Livro	Lisboa	Viúva Bertrand & cª.
ARM 12 A 78	*Poesias*	1850	Livro	Lisboa	Casa da Viúva Bertrand e Filhos
53 X 30	*A harpa do crente; poesias várias; versões*	1860	Livro	Lisboa	Casa da Viúva Bertrand e Filhos
55 Z 27	*A reaccao Ultramontana em Portugal ou a Concordata de 21 de fevereiro*	1857	Livro	Lisboa	Typographia de José Baptista Morando
15 Z 20	*O monasticon: Eurico, o presbítero*	1980	Livro	Lisboa	Livraria Bertrand
ARM 16 F 3	*Eurico, o presbítero*	1983	Livro	São Paulo-Lisboa	Verbo
26 A 59 A	*Opusculos*: questões públicas	1873	Livro	Lisboa	Casa da Viúva Bertrand e Filhos
53 Q 3	*Carta do sr. Alexandre Herculano respondendo a sociedade real de agricultura em Lisboa*	1874	Livro	Lisboa	Typographia universal

ARM 23 A 10	*Eurico, o presbítero*	1877	Livro	Rio de Janeiro	Imprensa Industrial editora
62 M 7	*História de Portugal*	1853	Livro	Lisboa	Casa da Viúva Bertrand e Filhos
60 P 17	*Legislação corporativa*: grêmios e sindicatos[147]	1946	Livro	Porto	Ed. do autor
ARM 12 D 34	*História de Portugal*	1849	Livro	Lisboa	Casa da Viúva Bertrand e Filhos
ARM 12 D 35	*História de Portugal*	1853	Livro	Lisboa	Casa da Viúva Bertrand e Filhos
39 OO 13	*A batalha d'Ourique e a sciencia arabico-academica: carta ao redactor da semana*	1851	Carta	Lisboa	Imprensa Nacional
213 C 15	*Eurico, o presbítero*	1982	Livro	Porto	Porto Editora
25 F 36	*Considerações pacíficas sobre o Opusculo "eu e o clero": carta ao redactor do periódico "A nação"*	1850	Carta	Lisboa	Imprensa Nacional
53 X 20	*Opusculo*: litteratura	1907	Livro	Lisboa	Antiga casa Bertrand – José Bastos Ed.
9 UU 12	*Eurico, o presbytero*	1900	Livro	Lisboa	Tavares Cardoso & Irmão editores
28 L 30	*Opusculos*: Questões públicas	1880	Livro	Lisboa	Viúva Bertrand & cª.
27 UU 36	*Da propriedade litteraria e da recente convenção com França*: carta ao senhor Visconde d'Almeida-Garrett	1851	Carta	Lisboa	Imprensa Nacional
19 A 24	*Poesias*	1860	Livro	Lisboa	Casa da Viúva Bertrand e Filhos
19 A 26	*Poesias*	1872	Livro	Lisboa	Casa da Viúva Bertrand e Filhos
29 NN 30 A	*Eurico, o presbítero*	1966	Livro	Rio de Janeiro	Edições de Ouro
153 B 24-25	*História da Origem e estabelecimento da inquisição em Portugal*	1975-76	Livro	Lisboa	Livraria Bertrand
53 X 15	*Opusculos*: questões públicas	1873	Livro	Lisboa	Viúva Bertrand & cª.
53 X 16	*Opusculos*: controvérsias e estudos históricos	1876	Livro	Lisboa	Viúva Bertrand & cª.
53 X 17	*Opusculos*: Questões públicas	1879	Livro	Lisboa	Viúva Bertrand & cª.
28 L 33	*Opusculos*: Questões públicas	1882	Livro	Lisboa	Viúva Bertrand & cª.
ARM 16 A 22-23	*História da origem e estabelecimento da inquisição em Portugal*	1987	Livro	Lisboa	Círculo de leitores

147 Provavelmente o livro não é do Herculano.

36 E 48	*O bobo*	Sem registro da data	Livro		Livraria Bertrand
34 T 5-12 A	*História de Portugal desde o começo da monarchia até o fim do reinado de Afonso III*	Sem registro da data	Livro	Lisboa	Livraria Bertrand
33 S 17 A	*Textos literários para o 4º ano liceal*: frei Luis de Sousa; lendas e narrativas	Sem registro da data	Livro	Lisboa	Livraria Popular de Francisco Franco
125 A 22	*Eurico, o presbítero*	Sem registro da data	Livro	Lisboa	Editores Associados
62 O 25 A	*A harpa do crente*	Sem registro da data	Livro	Mem Martins	Publicações Europa-América
ENC 7 F 31	*Opusculos*: Questões públicas	1900	Livro	Lisboa	Tavares Cardoso & Irmão Editores
19 RR 43	*Opusculos*: Questões públicas	1901	Livro	Lisboa	Tavares Cardoso & Irmão Editores
307 F 42	*Eurico, o presbítero*	2001	Livro	Lisboa	Editora Ulisseia
413 C 24 A	*Carta que Gil Vicente mandou de Santarém a el-rei d. João III, estando sua alteza em Palmela,...*	2005	Livro	Lisboa	Frenesi
26 A 61 A	*Opusculos*: controvérsias e estudos históricos	1876	Livro	Lisboa	Viúva Bertrand & cª.
ARM 4 D 13	*A voz do propheta*	1836	Livro	Sem registro do local	Imprensa de Ezpeleta
48 C 18	*A voz do propheta*	1837	Livro	Lisboa	Typ. Patriotica, de C. J. da Silva
26 A 53 A	*O monasticon: O Monge de Cister ou a epocha de d. Joao I*	1859	Livro	Lisboa	Imprensa Nacional
26 A 51 A	*O monasticon: Eurico, o presbytero*	1859	Livro	Lisboa	Imprensa Nacional
CC1 26 F 1-8	*História de Portugal: desde o começo da monarchia até o fim do reinado de Affonso IIII*	1914-16	Livro	Paris-Lisboa	Livrarias Aillaud e Bertrand
ARM 12 B 13	*O monasticon: Eurico, o presbytero*	1844	Livro	Lisboa	Typ. Soc. Sociedade Propagadora dos Conhecimentos Uteis
62 M 1	*História de Portugal*	1853	Livro	Lisboa	Casa da Viúva Bertrand e Filhos
62 M 2	*História de Portugal*	1858	Livro	Lisboa	Casa da Viúva Bertrand e Filhos
CC1 11 D 91 A	*Eurico, o presbítero*	1994	Livro	Mem Martins	Publicações Europa-América
ARM 12 D 33	*História de Portugal*	1847	Livro	Lisboa	Casa da Viúva Bertrand e Filhos

14 B 45	*Da propriedade litteraria e da recente convenção com França*: carta ao senhor Visconde d'Almeida-Garrett	1851	Carta	Lisboa	Imprensa Nacional
CC1 20 B 69	*Lendas e narrativas*	1998	Livro	Lisboa	Editora Ulisseia
51 U 31	*Eurico, o presbytero*	1917	Livro	Rio de Janeiro-Paris	Livraria Francisco Alves e Livraria Aillaud
53 O 28	*Fragmentos Literários*	1927	Livro	Rio de Janeiro	Grafica Sauer
36 G 32	*Trechos Selecionados Das "Lendas e Narrativas"*	Sem registro da data	Livro	Lisboa	Livraria Didactica Editora
111 B 20-21	*Lendas e narrativas*	1970	Livro	Lisboa	Livraria Bertrand
180 B 13	*Um homem e uma ideologia na construção de Portugal*	1979	Livro	Lisboa	Livraria Bertrand
169 A 5	*O pároco de aldeia*; *O galego:* (vida, ditos e feitos de Lázaro Tomé)	1978	Livro	Lisboa	Livraria Bertrand
33 J 81 A	*O fronteiro d'África ou três noites asiagas*	1862	Livro	Rio de Janeiro	Typographia econômica de J.J. Fontes
22 PP 71 A	*Eurico, o presbítero; O bobo*	1997	Livro	Porto	Porto Editora
240 C 41	*Opúsculos*: Casamento civil	1987	Livro	Lisboa	Editorial Presença
240 C 40	*Opúsculos*: literatura	1986	Livro	Lisboa	Editorial Presença
10 M 9	*O bobo*	1878	Livro	Lisboa	Viúva Bertrand & cª. – sucessores, Carvalho & Cª
MISC 2022 --- 26	*Da Propriedade litteraria e da recente convenção França*: carta ao senhor Visconde d'Almeida-Garrett	1851	Carta	Lisboa	Imprensa Nacional
ENC 4 F 42	*Lendas e narrativas: O bispo negro; O castelo de Faria; A abóboda*	1989	Livro	Mem Martins	Publicações Europa-América
176 B 28-29	*Poesias*	1977-78	Livro	Lisboa	Livraria Bertrand
28 S 12	*O bobo*	Sem registro da data	Livro	Lisboa	Livraria Bertrand
CC1 27 A 57-59	*História da origem e estabelecimento da inquisição em Portugal*	Sem registro da data	Livro	Mem Martins	Publicações Europa-América
223 A 31	*O bobo*	Sem registro da data	Livro	Porto	Publicações Anagrama

ARM 16 F 13-14	*O Monge de Cister*	Sem registro da data	Livro	Lisboa	Amigos dos livro, editores
28 MM 27	*Opusculos*: Questões públicas	Sem registro da data	Livro	Lisboa	Livraria Bertrand
CC1 12 A 22 A	*Eurico, o presbítero*	19--?	Livro	Lisboa	Livraria Bertrand
CC1 8 F 52 A	*História de Portugal*: 1097-1128	19--?	Livro	Lisboa	Ulmeiro
515 D 27 A	*História de Portugal*: desde o começo da monarchia até o fim do reinado de Affonso IIII	2007	Livro	Lisboa	Bertrand Editora
ENC 4 G 83 A	*Lendas e narrativas: O Alcaide Santarém; Arras do foro de Espanha; O castelo de Faria; A abóboda*	1990	Livro	Mem Martins	Publicações Europa-América
CC2 12 A 26	*Eurico, o presbítero*	Sem registro da data		Sem registro do local	Livraria Bertrand

Fonte: Elaborado por Samuel Araújo Costa.

Tabela III – Obras Encontradas no IHGB

Localização	Título da Obra	Data da fonte	Tipo de Obra	Local de publicação	Publicadora
103.1.30	*A reação ultramontana em Portugal...*	1857	Livro	Lisboa	Typ. De J. B. Morando
224.2.13	*Annaes de el rei..*	1844	Livro	Lisboa	Typ. Da Soc. Propagação de Conhecimentos Uteis
123.1.15	*Cantos*: colleção de poesias	1857	Livro	Leipzig	F. A. Brockaus
51.2.2-3	*Cartas*	-	Livro	Lisboa	Bertrand
106.1.18	*Chronica de Elrei*: D. Sebastião	1837	Livro	Lisboa	Impr. De Galhardo e Irmãos
194.2.4 n.1	*Considerações pacíficas sobre o opusculo "eu e o clero"*	1850	Livro	Lisboa	Imprensa Nacional
108.2.7-9 (col.Manuel Barata) e em 130.1.11-12 (v. 2-3)	*História da origem e estabelecimento da Inquisição em Portugal*	1854-1859	Livro	Lisboa	Imprensa Nacional
117.6.13 n. 13 e em 6.4.22 n.5 (col. Thereza Christina)	*Estudos sobre o casamento civil...*	1866	Livro	Lisboa	Typ. Universal
124.2.1	*Eurico, o presbytero*	1890	Livro	Coimbra	Imprensa Universitária
235.1.10-12	*História de Portugal...*	1914-1916	Livro	Paris; Rio de Janeiro	Aillaud; F. Alves
235.1.13-15	*História da origem e estabelecimento da inquisição...*	1852	Livro	Lisboa	Bertrand; Rio de Janeiro: F. Alves
34.4.9-12 e em 36.3.20-23 e em 132.4.16-19 (col. Werneck)	*História de Portugal...*	1858-1864	Livro	Lisboa	Viúva Bertrand e Filhos
133.7.1-4	*História de Portugal...*	1897-1894 (?)	Livro	Lisboa	Viúva Bertrand e Filhos
215.2.5-6	*História de Portugal...*	-	Livro	Paris; Rio de Janeiro	Aillaud; F. Alves
215.2.7-8	*Lendas e narrativas*	-	Livro	Lisboa	Bertrand

46.1.21-22 (col. Lima Dummond) e em 166.2.29	*Lendas e narrativas*	1884	Livro	Lisboa	Viúva Bertrand
217.2.18	*Lendas e narrativas*	1956	Livro	Rio de Janeiro	Livro W. M. Jackson
118.2.24-25	*O monasticon*: em duas partes: *Eurico* [...] e *O Monge...*	1867	Livro	Leipzig	F. A. Brockaus
196.1.33	*O pároco de aldeia; O Galego*	1981	Livro	Porto	Lello
166.2.8-10	*Opusculos*	1898	Livro	Lisboa	Tavares Cardoso e Irmão
215.2.9-18	*Opusculos*	[?]-1908	Livro	Lisboa	Bertrand; F. Alves
136.1.24	Poesias	1872	Livro	Lisboa	Viúva Bertrand e Filhos
39.2.31	Roteiro de viagem de Vasco...	1861	Livro	Lisboa	Imprensa Nacional
4.2.35	*Scenas de um anno de minha vida...*	1934	Livro	Lisboa	Livraria Bertrand
214.1.31	*Sobre a história e a historiografia...*	1937	Livro	Lisboa	Seabra Nova

Fonte: Elaborado por Samuel Araújo Costa.

Tabela IV– Linha espaço-temporal

Ano	Obra	Local de publicação	Publicadora
1836	*A voz do propheta*	Desconhecido	Imprensa de Ezpeleta
1837	*A voz do propheta*: Segunda série	Lisboa	Typografia Patriótica de J. da Silva e Comp
1837	*A voz do propheta*	Porto	Imprensa de Alvarez Ribeiro
1837	*A voz do propheta*	Lisboa	Typografia Imprensa e Const.[148] de J. Villeneuve e Companhia
1837	Início da publicação d'*O Panorama*: jornal litterario, instructivo da Sociedade Propagadora dos Conhecimentos Uteis, no qual Herculano fazia parte do corpo editorial.	Lisboa	Typografia da Sociedade Propagadora dos Conhecimentos Uteis
1837	*Chronica d'El rei D. Sebastião*, obra de Frei Bernardo da Cruz publicada por Herculano	Lisboa	Galhardo e Irmãos
1838	*A harpa do Crente*	Lisboa	Typografia da Sociedade Propagadora dos Conhecimentos Uteis
1841	*Da eschola polytechnica do collegio dos nobres*	Lisboa	Typografia da Sociedade Propagadora dos Conhecimentos Uteis
1844	*Annaes de el rei D. João Terceiro*, coautoria de Herculano.	Lisboa	Typografia da Sociedade dos Conhecimentos Uteis
1844	*Os infantes em Ceuta*	Lisboa	Typografia da Sociedade Propagadora dos Conhecimentos Uteis
1844	*O monasticon: Eurico, o presbytero*	Lisboa	Typografia da Sociedade Propagadora dos Conhecimentos Uteis
1846	*História de Portugal*, primeiro volume.	Lisboa	Bertrand
1847	*Eurico, o presbytero* – 2ª edição	Lisboa	Imprensa Nacional
1847	*Eurich, der priefter der gothen*	Leipzig	F.u.Brodhaus
1847	*História de Portugal*, primeiro volume	Lisboa	Casa da Viúva Bertrand e Filhos[149]

148 Não foi possível entender qual era o significado da abreviação.

149 Pelos catálogos das bibliotecas não foi possível determinar se a publicadora Bertrand é a mesma que a Casa da Viúva Bertrand e Filhos, por mais que nossa hipótese seja positiva.

1848	*O monasticon*[150]	Lisboa	Imprensa Nacional
1848	*O Monge de Cister ou a epocha de D. João I*	Lisboa	Imprensa Nacional
1848	*O monasticon: O Monge de Cister ou a epocha de D. João I*	Provavelmente Lisboa	Casa da Viúva Betrand e Filho
1849	*História de Portugal*, segundo volume.	Lisboa	Casa da Viúva Bertrand e Filho
1850	*Eu e o clero, carta ao emmo. Cardeal Patriarcha*	Lisboa	Imprensa Nacional
1850	*Cartas sobre o estado actual da religião catholica em Inglaterra*, por C. I. Aubert. Traduzidos do Francês, e seguidas de algumas observações contra A. Herculano, e o Padre Rodrigo V. de Almeida, e de outra especial, em que se mostra a necessidade do próximo estabelecimento de algumas ordens religiosas em Portugal. Por José de Souza Amado – Obra contra Herculano.	Sem local de publicação, provavelmente em Lisboa, porque Herculano ainda estava mais centrado nesta cidade.	Sem registro da publicadora
1850	*Considerações pacíficas sobre o opusculo "Eu e Clero". Carta ao redactor do periódico "A nação"*	Lisboa	Imprensa Nacional
1850	*Carta a um muito reverendo em Christo*: Padre Francisco Recreio	Lisboa	Typographia Castro e Irmão
1850	*Solemnia verba: cartas ao senhor I. Magessi Tavares sobre a questão actual entre a verdade e uma parte do clero*[151]	Lisboa	Imprensa Nacional
1850	*Poesias"*	Lisboa	Casa da Viúva Bertrand e Filhos
1851	*Lendas e narrativas*	Lisboa	Casa da Viúva Bertrand e Filhos
1851	*A Batalha de Ourique e a sciencia arabio-academica, carta ao redactor da semana*	Lisboa	Imprensa Nacional

150 Não é possível saber se esta obra é o *Eurico, o presbítero* ou *O Monge de Cister ou a epocha de D. João I*, pois ambas são intituladas *O monasticon* – mesmo que o título seja "o honasticon".

151 Não havia o título completo em nenhum dos catálogos.

1851	*Da propriedade litteraria e da recente convenção com a França*: carta ao senhor Visconde d'Almeida-Garrett	Lisboa	Imprensa Nacional
1853	*História de Portugal*, terceiro e último volume	Lisboa	Bertrand
1853	*História de Portugal*, segundo volume	Lisboa	Bertrand
1854	*Da origem e Estabelecimento da Inquisição em Portugal. Tentativa Histórica*, primeiro volume.	Lisboa	Imprensa Nacional
1856	*Portugaliæ Monumenta Historica a saeculo octavo poet Christum, usque ad quintumdedecinum, iussu Academia Scientiarum Olosiponensis*	Lisboa	Typis Academicis
1856	*Cartas*	Rio de Janeiro	F. Alves
1857	*A reação ultramontana em Portugal; ou, a Concordata de 21 de fevereiro*	Lisboa	Typographia de José Baptista Morando
1857	Prólogo ao livro *Cantos*: collecção de poesias de A. Gonçalves Dias	Leipzig	F. A. Brockhaus
1858	*Carta aos eleitores do Círculo eleitoral de Cintra*	desconhecido	Typographia do Commercio
1858	*História de Portugal*, terceiro e último volume.	desconhecido	Casa da Viúva Bertrand e filhos
1858	*Lendas e narrativas*, primeiro volume.	Lisboa	Casa da Viúva Bertrand e filhos
1859	*Da origem e Estabelecimento da Inquisição em Portugal. Tentativa Histórica*, último volume.	Lisboa	Imprensa Nacional
1859	*Eurico, o presbytero*, quarto volume.	Lisboa	Imprensa Nacional
1859	*O clero e o Sr. Alexandre Herculano*	Lisboa	Imprensa de Francisco Xavier de Souza
1859	*O Monge de Cister ou a épocha de D. João I*	Lisboa	Imprensa Nacional
1859	*Lendas e narrativas*, segundo volume.	Lisboa	Casa da Viúva Bertrand e filhos
1859	*O monasticon: O Monge de Cister a epocha de D. João I*	Lisboa	Casa da Viúva Bertrand e filhos
1860	*A batalha de Ourique e a sciencia arabioacademica, carta ao redactor da semana*	Lisboa	Imprensa Nacional
1860	*Considerações pacíficas sobre o opusculo "Eu e o clero"*: carta ao redactor do periódico	Desconhecido	Imprensa Nacional
1860	*Poesias*	Lisboa	Casa da Viúva Bertrand e Filhos
1860	*A harpa do crente; poesias várias; versões*	Lisboa	Casa da Viúva Bertrand e Filhos

1861	*Roteiro da viagem de Vasco da Gama em MCCCXC-VII*	Lisboa	Imprensa Nacional
1862	*História de Portugal*, terceiro e último volume da segunda edição.	Lisboa	Viúva Bertrand
1863	*História de Portugal desde o começo da monarquia até o fim do reinado de Affonso III*, primeiro volume da terceira edição.	Lisboa	Imprensa Nacional
1864	*História da origem e estabelecimento da Inquisição em Portugal*, primeiro volume.	Lisboa	Imprensa Nacional
1864	*Eurico, o Presbytero*, quinta edição.	Lisboa	Imprensa Nacional
1865	*Lendas e narrativas*, terceira edição.	Lisboa	Viúva Bertrand
1866	*Casamento civil (cartas) do Senhor Alexandre Herculano [dirigidas ao Jornal do Commercio]*, livro que é um compilado de cartas do Herculano.	Lisboa	J.G. de Souza Neves
1866	*Estudos sobre o casamento civil por occasião de Sr.Visconde de Seabra sobre este assumpto*	Lisboa	Typographia Universal
1866	O bobo	Rio de Janeiro	Livraria Popular [Typographia Perseverança]
1867	*O monasticon: Eurico, o presbytero; O Monge Cister*	Leipzig	F. A. Brockhaus
1868	Última publicação do periódico *O Panorama*: jornal litterario, instructivo da Sociedade Propagadora dos Conhecimentos Uteis	Lisboa	Typografia da Sociedade Propagadora dos Conhecimentos Uteis
1869	*O Monge de Cister ou a epocha de D. João I*	Lisboa	Imprensa Nacional
1871	*Eurico, o Presbytero*, sexta edição.	Lisboa	Imprensa Nacional
1871	*Questões Públicas*	Lisboa	Viúva Bertrand
1872	*História da origem e estabelecimento da Inquisição em Portugal*, último volume.	Lisboa	Viúva Bertrand
1872	*Poesias*	Lisboa	Casa da Viúva Bertrand
1873	*Ás armas: hypocritas e os maçons*; opusculos seguidos de uma carta do Sr. Alexandre Herculano	Rio de Janeiro	Typographia de J. M. A. de Aguiar
1873	*Monumentos pátrios. Da propriedade literária*: Carta à academia das sciencias	Lisboa	Viúva Bertrand
1873	*Opusculos*: questões públicas	Lisboa	Casa da Viúva Bertrand e Filhos

1874	*História de Portugal desde o começo da monarquia até o fim do reinado de Affonso III*, terceiro e último volume.	Lisboa	Viúva Bertrand
1874	*Carta do Sr. Alexandre Herculano respondendo à Sociedade Real de Agricultura em Lisboa; Anotada com observação pelo dr. José Rodrigues e Mattos...*	Lisboa	Typographia Universal
1876	*Eurico, o Presbytero*, sétima edição.	Lisboa	Imprensa Nacional
1876	*Eurico, o Presbytero*	Rio de Janeiro	Livraria Popular
1876	*Controvérsias e estudos históricos*	Lisboa	Viúva Bertrand
1876	*O monasticon: Eurico, o Presbytero*	Lisboa	Casa da Viúva Bertrand e Filhos
1877[152]	*O Monge de Cister*, versão em castelhano.	Madrid	Imprensa Control
1877	*Eurico, o presbítero*	Rio de Janeiro	Imprensa Industrial
1877	*La Bóveda* – Narracion portuguesa de Alejandro Herculano	Madrid	M. Ossorio y Bernard
1878	*O bobo*	Lisboa	Viúva Bertrand
1878	*Eurico, o cavaleiro negro*, peça de obra baseado na obra de Herculano.	Rio de Janeiro	Typographi de A. Marques & C.
1879	*Eurico, o prebytero*	Lisboa	Viúva Bertrand & C. Sucessores
1879	*Opusculos*: Questões públicas	Lisboa	Viúva Bertrand & Cª
1879	*História da origem e estabelecimento da Inquisição em Portugal*	Lisboa	Casa da Viúva Bertrand
1880	*História da origem e estabelecimento da Inquisição em Portugal*	Lisboa	Casa da Viúva Bertrand e Filhos
1880	*Opusculos*: Questões públicas	Lisboa	Viúva Bertrand & Cª
1882	*Lendas e narrativas*	Lisboa	Casa da Viúva Bertrand e Filhos
1882	*Opusculos*: Questões públicas	Lisboa	Casa da Viúva Bertrand & Cª
1883	*Eurico, o presbytero*, tradução em francês	Paris	Ch. Leroy successeur
1883	*Eurico*	Lisboa	Librairie de J. – H. Truchy
1883	*Leyendas y narraciones: el párroco de aldeia; de Jersey a Granville*	Madrid	Imprensa de

152 Ano da morte de Herculano.

1884	*Controvérsias e estudos históricos*	Lisboa	Viúva Bertrand
1885	*História da origem e estabelecimento da Inquisição em Portugal*	Lisboa	Viúva Bertrand
1886	*Opusculos*: controvérsias e estudos históricos	Lisboa	Viúva Bertrand & Cª
1888	*Portugalia monumenta historica a saeculo octavo poet Christum, usque ad quintumdedecimum, iussu Academia Scientiarum Olosiponensis*, último volume.		
1888	*História de Portugal desde o começo da monarchia até o fim do reinado de Affonso III*	Lisboa	Tavares Cardoso & Irmãos
1890	*Eurico, o presbytero*	Coimbra	Imprensa Universitária
1891	*Controvérsias e estudos históricos*	Lisboa	Tavares Cardoso
1893	*Eurico, o presbytero*	Lisboa	Typographia M. Moreira & Pinheiro
1894	*Poesias*	Lisboa	Tavares Cardoso & Irmão
1895	*Types portugueses e outros escriptes*	Rio de Janeiro	Alfarrabista Brasileiro (sob o comando de Rodrigues de Paiva)
1897	*Opusculos*: Questões públicas	Lisboa	Tavares Cardoso & Irmãos
1900	*História de Portugal desde o começo da monarchia até o fim do reinado de Affonso III*, quarto e último volume.	Lisboa	Tavares Cardoso & Irmãos editores
1900	*História de Portugal desde o começo da monarchia até o fim do reinado de Affonso III*, relançamento do primeiro volume.	Lisboa	Tavares Cardoso & Irmãos
1900	*Questões públicas*	Lisboa	Tavares Cardoso
1900	*Apologos dialogoes*	Lisboa	desconhecido
1900	*Eurico, o presbytero*	Lisboa	Tavares Cardoso & Irmãos
1901	*Opusculos*: questões públicas	Lisboa	Tavares Cardoso & Irmãos editores
1902	*História da origem e estabelecimento da Inquisição em Portugal*, segundo volume do relançamento.	Lisboa	Tavares Cardoso
1903	*História de Portugal desde o começo da monarchia até o fim de reinado de Affonso III*	Lisboa	Tavares Cardoso & Irmãos
1904	*Poesias*	Lisboa	Livraria editora Viúva Tavares Cardoso
1907	*História da origem e estabelecimento da Inquisição em Portugal*	Rio de Janeiro	F. Alves

1907	*Lendas e narrativas*, primeira versão brasileira.	Rio de Janeiro	F. Alves
1907	*O bobo*, sexta edição.	Rio de Janeiro	F. Alves
1907	*O Monge de Cister*, primeira versão brasileira.	Rio de Janeiro	F. Alves
1907	*Poesias*	Lisboa	J. Basto
1907	*Poesias*	Rio de Janeiro	F. Alves
1907	*Controvérsias e estudos históricos*	Rio de Janeiro	F. Alves
1907	*Casamento Civil*	Rio de Janeiro	F. Alves
1907	*Eurico, o Presbytero*	Rio de Janeiro	F. Alves
1907	*Lendas e narrativas*	Lisboa	Livraria Bertrand
1907	*Lendas e Narrativas*	Procurar	Antiga casa Bertrand – José Bastos Ed.
1907	*Eurico, o presbytero*	Lisboa	Livraria Francisco Alves
1907	*Opusculo*: litteratura	Lisboa	Antiga casa Bertrand – José Bastos Ed.
1910	*Trechos escolhidos de Alexandre Herculano que revelam a sua crença*	Lisboa	Livraria Evangélica
1910	*Trechos litterarios de Alexandre Herculano e cartas do mesmo e de outros escriptores ilustres a Guiomar Torrezão*	Lisboa	Typographia Leiria
1914	*História de Portugal desde o começo da monarchia até o fim do reinado de Affonso III*, primeiro volume.	Paris e Lisboa	Aillaud e Bertrand
1915	*História de Portugal desde o começo da monarchia até o fim do reinado de Affonso III*, segundo volume	Paris e Lisboa	Aillaud e Bertrand
1916	*História de Portugal desde o começo da monarchia até o fim do reinado de Affonso III*, terceiro e último volume.	Paris e Lisboa	Aillaud e Bertrand
1917	*Eurico, presbytero*	Rio de Janeiro, Lisboa	Livraria Francisco Alves; Livraria Bertrand
1919	*Herculano, quadro literários da história medieval, peninsular e portuguesa*	Paris e Lisboa	Aillaud e Bertrand
1921	*Antologia portuguesa*: quadros literários da história medieval, peninsular e portuguesa	Paris e Lisboa	Livraria Aillaud e Bertrand
1925	Poesias, nona edição.	Paris	Aillaud Bertrand

1926	*History of the origin and establishment of the inquisition in Portugal*	Califórnia	Stanford University
1927	*Fragmentos literários*	Rio de Janeiro	Graph Sauer
1933	*Eurico, o presbytero*	Rio de Janeiro	Editora Universal
1934	*Scenas de um anno da minha vida e apontamentos de viagens*	Lisboa	Livraria Bertrand
1937	*sobre a história e historiografia*: opúsculos e História de Portugal	Lisboa	Desconhecido
1939	*Eurico, o presbítero*	São Paulo	Emp. Editora Brasileira
1943	*Os melhores contos históricos de Portugal*	Rio de Janeiro	Dois Mundos editora
1944	*Eurico, o presbítero*	Lisboa	Livraria Bertrand
1945	*História da origem e estabelecimento da Inquisição em Portugal*	São Paulo	F. Alves
1945	*O bobo*	Rio de Janeiro	Ed. Aurora
1946	*Cartas inéditas de Alexandre Herculano a Joaquim Filipe de Soure*	Lisboa	Fernandes & Cª
1947	*O bobo; Arco de Sant'ana*, o primeiro é de Herculano, o segundo é de Almeida Garrett	São Paulo	W. M. Jackson
1948	*Lendas e Narrativas*, com o prefácio de Eduardo Friste.	Rio de Janeiro	W. M. Jackson
1949	*Seleção de Lendas e Narrativas*	Lisboa	Livraria Studium editora
1950	*O Monge de Cister*	São Paulo	Gráf. Ed. Brasileira ltda.
1950	*Poesias*	Lisboa	Viúva Bertrand
1952	*O bobo; Arco de Sant'ana*,o primeiro é de Herculano e o segundo é de Almeida Garrett	São Paulo	W. M. Jackson
1959	*Poesia completa e prosa escolhida. Manoel Bandeira*: A vida e obra do Poeta; *A poética de Gonçalves Dias. Antonio Houaiss*: textos dos poemas. *Alexandre Herculano*: Futuro Literário de Portugal e do Brasil (Prólogo dos Cantos)	Rio de Janeiro	José Aguilar
1959	*O bobo; Arco de Sant'ana*, o primeiro é do Herculano e outro é o de Almeida Garrett	São Paulo	W. M. Jackson
1961	*Eurico, o presbítero*	São Paulo	Saraiva
1964	*O Monge de Cister ou a época de D. João I*	São Paulo	Saraiva
1965	*Frei Luis de Souza; Lendas e Narrativas*	Lisboa	Desconhecido

1966	*Eurico, o presbítero*	Rio de Janeiro	Tecnoprint
1966	*Histórias heroicas*	Rio de Janeiro	Tecnoprint
1966	*O bobo*	Rio de Janeiro	Tecnoprint
1966	*O Monge de Cister*	Rio de Janeiro	Tecnoprint
1967	*Eurico, o presbítero*	Rio de Janeiro	Tecnoprint
1967	*O bobo*	São Paulo	Difusão Europeia do Livro
1969	*Eurico, o presbítero*, mesma edição de 1967	Rio de Janeiro	Tecnoprint
1969	*O bobo*	Rio de Janeiro	Tecnoprint
1969	*O pároco de aldeia*; *O galego:* (vida, ditos e feitos de Lázaro Tomé)	Lisboa	Livraria Bertrand
1970	*Lendas e narrativas*	Lisboa	Livraria Bertrand
1971	*O Monge de Cister*	Rio de Janeiro	Tecnoprint
1971	*Eurico, o presbítero*	São Paulo	Ática
1971	*Eurico, o presbítero*	Rio de Janeiro	Tecnoprint
1971	*Herculano Desconhecido (1851-1853)*	Lisboa	Publicação Europa-América
1971	Lendas e narrativas	Sem informação	sem informação
1971	*O bispo negro; Arras por foro na Espanha*	Lisboa	Verbo
1972	*Histórias Heroicas*	Rio de Janeiro	Tecnoprint
1972	*O bobo*	Rio de Janeiro	Tecnoprint
1972	*Eurico, o presbítero*	São Paulo	Ed. Cultrix Instituto Nacional do Livro
1972	Eurico, o presbítero	São Paulo	Três
1972	*A dama do Pé-de-Cabra*, romance de um trovador de século XI	São Paulo	Três
1972	*O bobo*	Lisboa	Livraria Bertrand
1972	*O monasticon: Eurico, o presbítero*	Lisboa	Livraria Bertrand
1973	*Cenas de um ano da minha vida*: poesia e mediação 1831-1832]; *Apontamento de viagem*: [1853-1854]	Lisboa	Livraria Bertrand
1974	*Lendas e narrativas*	Lisboa	Livraria Bertrand
1975	*História da origem e estabelecimento da Inquisição em Portugal*, é o início do projeto *Obras completas de Herculano*	Lisboa	Bertrand

1976	*História da origem e estabelecimento da Inquisição em Portugal*	Lisboa e Amadora	Livraria Bertrand
1977	*O Monge de Cister*	Amadora	Bertrand
1977	*O bobo*	Lisboa	Círculo dos Leitores
1977	*Antologia de textos literários*	Lisboa	Desconhecido
1977	*Poesias*	Lisboa	Livraria Bertrand
1978	*Eurico, o presbítero*	Rio de Janeiro	Pierre
1978	*O bobo*	Amadora	Editora Bertrand
1978	*O monasticon: O Monge de Cister ou A época de D. João I*	Lisboa	Livraria Bertrand
1978	*O pároco de aldeia; O galego:* (vida, ditos e feitos de Lázaro Tomé)	Lisboa	Livraria Bertrand
1979	*O monasticon: Eurico, o presbítero*	Lisboa	Livraria Bertrand
1979	*História da origem e estabelecimento da inquisição em Portugal*	Lisboa	Livraria Bertrand
1979	*Um homem e uma ideologia na construção de Portugal*	Lisboa	Livraria Bertrand
1980	*História de Portugal: desde o começo da monarquia até o fim do reinado de Afonso III*	Amadora e Lisboa	Bertrand
1980	*Lendas e narrativas*, primeiro volume.	Amadora e Lisboa	Bertrand
1980	*A harpa do crente*	Lisboa	Publicações Europa-América
1980	*Cartas de Vale de Lobos ao 3º duque de Palmela e a José Candido dos Santos*	Lisboa	Livraria Bertrand
1980	*Um homem e uma ideologia na construção de Portugal*	Lisboa	Livraria Bertrand
1980	*História de Portugal*: Introdução	Lisboa	Ulmeiro
1980	*O monasticon: Eurico, o presbítero*	Lisboa	Livraria Bertrand
1981	*Lendas e narrativas*, segundo volume.	Amadora	Bertrand
1981	*História de Portugal desde o começo da monarquia até o fim do reinado de Afonso III*, segundo volume.	Lisboa e Amadora	Livraria Bertrand
1981	*O pároco de aldeia; O galego:* (vida, ditos e feitos de Lázaro Tomé)	Porto	Lello & Irmãos editores
1981	*História da origem e estabelecimento da inquisição em Portugal*	Lisboa	Livraria Bertrand

1982	*Lendas e narrativas*, primeiro tomo.	Lisboa	Publicações Europa-América
1982	*Alexandre Herculano*	São Paulo	Abril Cultural
1982	*Eurico, o presbítero*	Amadora	Bertrand
1982	*Eurico, o presbítero*	Porto	Porto Editora
1983	*História de Portugal: desde o começo da monarquia até o fim do reinado de Afonso III*, terceiro e último.	Amadora	Bertrand
1983	*História de Portugal*: 1128-1185	Lisboa	Ulmeiro
1983	*História de Portugal*: 1185-1211	Lisboa	Ulmeiro
1983	*História de Portugal*: 1211-1223	Lisboa	Ulmeiro
;1983	*Opúsculos*: questões públicas	Lisboa	Editora Presença
1983	*Eurico, o presbítero*	São Paulo e Lisboa	Editora Verbo
1984	*Opúsculos*: questões públicas	Lisboa	Editora Presença
1985	*História da origem e estabelecimento da Inquisição em Portugal*	Lisboa	Publicação Europa-América
1985	*Contos de A. Herculano*	São Paulo	Cultrix
1985	*Opúsculos*: controvérsias e estudos históricos	Lisboa	Editora Presença
1986	*O Monge de Cister ou a época de D. João I*	Rio de Janeiro	Tecnoprint
1986	*O Monge de Cister*	Lisboa	Círculo dos Leitores
1986	*O bobo*	Lisboa	Marujo Editora
1986	*Eurico, o presbítero*	Lisboa	Círculo dos Leitores
1986	*O bobo*	Lisboa	Círculo dos Leitores
1986	*Opúsculos*: literatura	Lisboa	Editora Presença
1987	*Os melhores contos de Alexandre Herculano*	São Paulo	Círculo do Livro
1987	*Eurico, o presbítero*	Rio de Janeiro	Tecnoprint
1987	*Histórias Heroicas*	Rio de Janeiro	Tecnoprint
1987	*O bobo*	Rio de Janeiro	Tecnoprint
1987	*Lendas e narrativas*	Mem Martins	Publicações Europa-América
1987	*História de Portugal*	Lisboa	Círculo de Leitores

1987	*História da origem e do estabelecimento da inquisição em Portugal*	Lisboa	Círculo dos Leitores
1989	*Lendas e narrativas*: *O bispo negro; O castelo de Faria; A abóboda*	Mem Martins	Publicações Europa-América
1990	*Eurico, o presbítero*, este é um livro em braile.	São Paulo	Fundação para o Livro do Cego
1990	*Lendas e narrativas: O Alcaide de Santarém; Arras do foro de Espanha; O castelo de Faria; A abóbada*	Mem Martins	Publicações Europa-América
1991	*Eurico, o presbítero*	Lisboa	Ulisseia
1991	*Eurico, o presbítero*	Porto	Porto editora
1992	*Lendas e narrativas*	Lisboa	Livraria Bertrand
1992	*O bobo*	Lisboa	Ulisses
1992	*Eurico, o presbítero*	Porto	Porto Editora
1994	*Eurico, o presbítero*	Porto	Porto Editora
1994	*Eurico, o presbítero*	Lisboa	Ulisses
1994	*Eurico, o presbítero*	Mem Martins	Publicações Europa-América
1995	*Eurico, o presbítero*	São Paulo	Núcleo
1995	*Lendas e narrativas*	Lisboa	Livraria Bertrand
1996	*Eurico, o presbítero*, é a mesma edição da Tecnoprint	Rio de Janeiro	Ediouro
1997	*O bobo*	São Paulo	Ática
1997	*Eurico, o presbítero*	Rio de Janeiro	Ediouro e Publifolha
1997	*O castelo de Faria*	Lisboa	Desconhecido
1998	*Lendas e narrativas*	Lisboa	Ulisseia
1999	*Eurico, o presbítero*	São Paulo	Ática
2000	*Afluência extraordinária a Braga*	Braga	Fundação Cultura Bracara
2001	*Eurico, o presbítero*	Porto Alegre	LP&M
2001	*Eurico, o presbítero*	Lisboa	Ulisseia
2002	*História da origem e estabelecimento da Inquisição em Portugal*	Porto Alegre	Pradense
2003	*Eurico, o presbítero*	São Paulo	Planeta de Agostini
2003	*Lendas e narrativas*	Mem Martins	Publicações Europa-América
2004	*Eurico, o presbítero*	São Paulo	Martin Claret

2004	*Eurico, o presbítero*	São Paulo	Rideel
2004	*Lendas e narrativas*	Desconhecido	Desconhecido
2005	*Eurico, o presbítero*	São Paulo	Germape
2005	*Carta que Gil Vicente mandou de Santarém a el-Rei D. João III estando sua alteza em Palmela...*	Lisboa	Frenesi
2007	*O bobo*	São Paulo	Martin Claret
2007	*Eurico, o presbítero*	Rio de Janeiro	Batél
2007	*História de Portugal: desde o começo da monarquia até o fim do reinado de Afonso III*	Lisboa	Bertrand Editora
2008	*Lendas e narrativas*	Porto Alegre	Pradense
2010	*O bobo*	Porto Alegre	Pradense
2010	*Alexandre Herculano*: o escrito – Antologia	Lisboa	Imprensa Nacional – Casa da moeda
2011	*História da origem e estabelecimento da inquisição em Portugal*	Porto Alegre	Pradense
2011	*Poesia*	Porto Alegre	Pradense
2012	*Eurico, o presbítero*	Porto Alegre	Pradense

Fonte: Elaborado por Samuel Araújo Costa.

ANEXO II

Alexandre Herculano: cronologia breve e comentada

Alexandre Herculano de Carvalho e Araújo (Lisboa, 28 de março de 1810 – Azoia de Baixo Santarém, Portugal, 18 de setembro de 1877) – expressivo intelectual: escritor, historiador, poeta, dramaturgo, publicista, jornalista, polemista e político. Até os 15 anos, frequentou o Colégio dos Padres Oratorianos de São Filipe de Nery, Hospício das Necessidades, Lisboa. Seu principal mestre foi Vicente da Cruz. Ali, estudou latim e latinidade. Por conta própria, dedicou-se ao grego e a vários outros idiomas, como o inglês, o francês e o alemão. Supõe-se que teve forte inspiração pascaliana nos primeiros anos de estudo.

1828-1834: Guerra Civil Portuguesa, que opõe absolutistas aos constitucionalistas, quando tem ativa participação contra os miguelistas e o absolutismo, em defesa do liberalismo e do constitucionalismo. A Guerra Civil Portuguesa entre os constitucionais liderados por D. Pedro e as forças absolutistas comandadas por D. Miguel I teve seu começo por ocasião da conquista realizada pela Armada (Marinha) de então, conquistando primeiro os Açores e desembarcando no Mindelo para tomar a cidade do Porto.

1830-1831: Malgrado o período turbulento da guerra civil, faz matrícula na aula de Comércio, e estuda Paleografia (grafias e escritas antigas) com Francisco Ribeiro Dosguimarães. Então esta disciplina tinha o nome de Diplomática, por se dedicar ao estudo minucioso dos diplomas e documentos históricos.

21/08/1831: Com 21 anos, Alexandre Herculano integra, nomeado tenente, um regimento de Ordenanças, criado por D. Miguel, formado por soldados sem soldo, um paradoxo, mas fardados e às ordens do Rei, em que imperava o trabalho forçado e gratuito.

21/08/1831: Revolta do Regimento de Infantaria n.º 4, aquartelado no Campo de Ourique, que sai às ruas da cidade de Lisboa, ao som de músicas marciais e dos gritos: "Viva a Carta Constitucional!", "Viva D. Pedro IV!", "Viva D. Maria!".

1831/1832: Exílio em Rennes (França) – Herculano tem consciência do levante, toma posição antimiguelista e consegue evadir-se, ao mesmo tempo, contra o absolutismo e o miguelismo. Não vendo alternativa que o exílio no exterior, cuja fuga mais tarde ele vai narrar em *Lendas e narrativas* (1851).[153] Na sequência dos combates nos quais participa tanto na ilha Terceira quanto nos Açores, acaba por dar continuidade ao exílio, mas agora na Inglaterra, onde vivencia a influência de Walter Scott.

1833: Em fevereiro, e já de volta a Portugal, sendo Herculano membro dos "Voluntários da Rainha" no regimento que tomou o Porto, será dispensado por D. Pedro em fevereiro de 1833, para trabalhar de bibliotecário na nova Biblioteca Pública do Porto, da qual se tornou 2º bibliotecário em julho, passando a organizar o material que pertencia ao Paço Episcopal daquela mesma cidade do Porto. Lá permanecerá até o convite para dirigir o periódico *O Panorama* (1837-1868). Nesse período, passa a conjugar o que aprendera nas aulas de Diplomática com a aplicação e a dedicação na coleta de documentos até então pertencentes à Igreja e, no futuro, poderão vir a constituir as fontes da história portuguesa. Simultaneamente, escreve tomado por verdadeiro frenesi sobre as peripécias que havia vivido na guerra, buscando substratos míticos palatáveis à narrativa histórica, embora se valendo do estilo romanesco. Uma das mais célebres das suas obras será *Eurico, o presbítero* (1844).[154] Dedica-se ainda ao teatro moderno e às suas origens, dá especial atenção ao teatro português e espanhol, com ênfase nas novelas de cavalaria portuguesas.

Maio de 1834: Sob a orientação da regência de D. Pedro e dos ministros Mouzinho da Silveira e Joaquim Antônio de Aguiar, publica-se o Decreto "Mata Frades", que extingue todos os conventos, mosteiros, colégios, hospícios e instituições das ordens religiosas regulares, sendo os seus bens secularizados e devidamente incorporados à Fazenda Nacional, tendo como alvos a nobreza e o clero com evidentes inspirações da Revolução Francesa. Certamente isso facilitará o trabalho de recolha documental que Herculano começa a realizar.

1836: Ao final deste ano, e já restaurada a Constituição Vintista, isto é, da década anterior de 1820, convocam-se novas eleições, que, dando a vitória ao grupo de D. Pedro (ele próprio falecido em 1834), terá o desgosto de ver a oposição vencer no Porto e declararem-se revolucionários... Era a "Revolução de

153 HERCULANO, Alexandre. *Lendas e narrativas*. 2 volumes. Amadora: Bertrand, 1970. [1851]

154 HERCULANO, Alexandre. *Eurico, o presbítero*. São Paulo: Ed. Martin Claret, 2015. [1844]

Setembro" ou a "Setembrada". Põe-se então numa posição de profeta e vai abordar o futuro da nação pós-Revolução de Setembro. Herculano vai mostrar todo o perigo de se exaltar o povo contra a Carta Constitucional. Para ele, a revolução poderia vir a enfraquecer os laços sociais existentes, o que não seria positivo para a nacionalidade. Para muitos estudiosos, Herculano passará a ver o povo como licencioso e perigoso, externando assim certo conservadorismo. Chega a tratar disso na obra *A voz do profeta* (1836).[155] Poderíamos falar a partir daqui em "liberalismo conservador"?

1839: Nomeado por D. Fernando como bibliotecário-mor da Real Biblioteca da Necessidade e da Ajuda.

1842 (janeiro): Costa Cabral lidera no Porto o golpe militar e restaura a Carta Constitucional de 1826. A partir de 1842 dá-se então a união das forças políticas contraditórias ditas *miguelistas, setembristas* e *cartistas*. Não há dúvida que Alexandre Herculano credenciara-se para assumir funções intelectuais de vulto no domínio documental visando uma historiografia com demonstração probatória nos fatos ocorridos; ainda que, aqui e ali, embebidos em alguma mitologia e de certo modo versados na literatura romanesca. Todavia, isto não impedirá atritos, pois o governo recebe duras críticas da Igreja, por negar o famoso "milagre de Ourique", mito de fundação de Portugal, no qual Jesus Cristo teria aparecido a D. Afonso Henriques para ajudá-lo a vencer a guerra contra os cinco reis mouros. Além das críticas e da censura, alimentou-se o ressentimento do clero. Herculano respondeu em 1850 com *Eu e o clero*.[156]

1851 (abril): Fim do cabralismo, à frente, o Duque de Saldanha. Neste largo período, Herculano dedica-se à escritura das suas obras de maior fôlego e vive certo ceticismo político de acento pascaliano. Logo ele, que estivera contra os miguelistas e recebera votos dos cartistas, naquele momento tinha críticas ao que considerava "radicalismo no liberalismo setembrista". Mas então aqueles grupos estavam politicamente aliados... O período imediatamente posterior ao fim do cabralismo ficara conhecido como "regeneração" (1851-1868), e nele as contradições avultavam na ação política de Alexandre Herculano.

1852: Torna-se sócio efetivo da Academia de Ciência de Lisboa e dá início à publicação da *Portugaliæ Monumenta Historica*, que consiste no trabalho de

155 HERCULANO, Alexandre. *A voz do profeta*. 1ª série. Ferrol: Imprenta de Ezpeleta, 1836.

156 HERCULANO, Alexandre. *Eu e o clero, Carta ao Em. Mo Cardeal-Patriarcha*. Londres: Ed. Forgotten Books, 2018.

recolha da documentação histórica em poder da Igreja (mosteiros, conventos) para o Estado português.

1853: Herculano é encarregado da seleção, da compilação e da organização da *Portugaliæ Monumenta Historica*.

1853: Nomeação de seu inimigo pessoal Joaquim José da Costa Macedo (1777-1867) para guarda-mor da Torre do Tombo, por Rodrigo da Fonseca Magalhães, a maior liderança política da "regeneração". Tal nomeação muito o abala psicologicamente, pois se sente moralmente impedido de dar continuidade ao trabalho de investigação histórico-documental que vinha realizando.

1854 /1859: Publicação da obra *História da Origem e Estabelecimento da Inquisição em Portugal*, em 3 volumes.

1860-1865: Participa da redação do primeiro Código Civil Português, tendo proposto a introdução do casamento civil (ao lado do religioso), abrindo discussões e polêmicas com o clero.

1867: Aprovação do Código Civil Português, que entra em vigor no ano subsequente. Recorde-se que Herculano chegou a exercer as funções de revisor deste Código, o que suscita estudo, reflexões e comparações também com as lutas e escaramuças acerca do Código Civil do Brasil, que, todavia, só será aprovado em 1916.

1867: Contrai matrimônio, um casamento tardio, com Maria Hermínia de Meira. No mesmo ano, retira-se para um autoexílio na Quinta de Vale de Lobos, em Santarém.

1877: Alexandre Herculano vem a falecer em 13 de setembro de 1877.

REFERÊNCIAS

FONTES:

Fontes Manuscritas

Arquivo Histórico do Museu Imperial (Petrópolis)

Arquivo da Casa Imperial do Brasil. Disponível em: http://www.museuimperial.gov.br/palacio/arquivo-historico/2-arquivo-da-casa-imperial-do-brasil.html. Acesso em: 5 maio 2024.

Diários do Imperador Pedro II, Volume 11 (1ª Viagem ao Exterior – 1ª Parte–EUROPA, 25/05 a 23/06/1871 [p. 324-330]. Disponível em: http://www.museuimperial.gov.br/palacio/arquivo-historico/2-arquivo-da-casa-imperial-do-brasil.html. Acesso em: 5 maio 2024.

Diários do Imperador Pedro II. Volume 27. 3ª Viagem ao Exterior – Primeira Parte – 30/06/1887 a 26/04/1888 [p. 543-705]. Disponível em: http://www.museuimperial.gov.br/palacio/arquivo-historico/2-arquivo-da-casa-imperial-do-brasil.html. Acesso em: 5 maio 2024.

Diários do Imperador Pedro II. Volume 28. 3ª Viagem ao Exterior – Segunda Parte – 26/04 a 04/05/1888 [p. 676– 680], p. 687. Disponível em: http://www.museuimperial.gov.br/palacio/arquivo-historico/2-arquivo-da-casa-imperial-do-brasil.html. Acesso em: 5 maio 2024.

Diários do Imperador Pedro II. Volume 28. 3ª Viagem ao Exterior – Segunda Parte – 26/04 a 04/05/1888 [p. 676– 680]. Disponível em: http://www.museuimperial.gov.br/palacio/arquivo-historico/2-arquivo-da-casa-imperial-do-brasil.html. Acesso em: 5 maio 2024.

Instituto Histórico e Geográfico Brasileiro (IHGB)

Acervo Hélio Viana

Periódicos:

Biblioteca Nacional do Rio de Janeiro – Seção de Periódicos

O Apóstolo
Diário do Rio de Janeiro
A Imprensa Evangélica
Jornal do Commercio

Hemeroteca Digital da Biblioteca Nacional (Rio de Janeiro)

Disponível em: http://memoria.bn.br/DocReader/docreader.aspx?bib=030066&pasta=ano%20185&pesq=. Acesso em: 5 maio 2024.

Biblioteca Digital Luso-Brasileira – Biblioteca Nacional (Rio de Janeiro)

Disponível em: http://bndigital.bn.br/noticias/lancamento-da-biblioteca-digital-luso-brasileira/. Acesso em: 5 maio 2024.

Hemeroteca digital – Lisboa

A illustração luso-brazileira: jornal universal
Revista Universal Lisbonense
O Panorama
Disponível em: http://hemerotecadigital.cmlisboa.pt/OBRAS/IlustrLusoBrasil/IlustracaoLusoBrasileira.htm. Acesso em: 5 maio 2024.

Fontes bibliográficas:

Livros de Alexandre Herculano

HERCULANO, Alexandre. *Estudos sobre o Casamento Civil. Por occasião do Opusculo do sr. Visconde de Seabra sobre este assumpto*. 6. ed. Lisboa, Livraria Bertrand. Lisboa, s.d.

HERCULANO, Alexandre. *A voz do profeta*. 2. ed. Porto: Imprensa de Álvares Ribeiro, 1837.

HERCULANO, Alexandre. *Da eschola polythecnica e do collegio dos nobres*. Lisboa: Typographia da Sociedade, 1840. [cota 6165-A, BNP]

HERCULANO, Alexandre. *História da Origem e Estabelecimento da Inquisição em Portugal*. Lisboa: Bertrand, 1854-1859.

HERCULANO, Alexandre. Carta ao *Jornal do Commercio*, Lisboa, dez. 1865.

HERCULANO, Alexandre. *Sôbre história e historiografia*. Prefácio de António Sérgio. Lisboa: Seara Nova, 1937.

HERCULANO, Alexandre. *Lendas e narrativas*. 2 volumes. Amadora: Bertrand, 1970. [1851]

HERCULANO, Alexandre. *Um Homem e uma Ideologia da construção de Portugal*

(*Antologia*). 2. ed. Organização, prefácio e notas de Cândido Beirante e Jorge Custódio. Lisboa: Bertrand, 1980.

HERCULANO, Alexandre. *Eurico, o presbítero*. São Paulo: Ed. Martin Claret, 2015. [1844]

HERCULANO, Alexandre. *Eu e o clero, Carta ao Em. Mo Cardeal-Patriarcha*. Londres: Ed. Forgotten Books, 2018.

Biblioteca do Real Gabinete Português de Leitura do Rio de Janeiro

O catálogo do RGPL contém 48 livros de e sobre Alexandre Herculano (entre livros autorais e de comentadores).

Disponível em: http://rgplopac.bibliopolis.info/opac/default.aspx?ContentAreaControl=ShowSearchResults .ascx&SearchNo=1&PageNo=1. Acesso em: 8 maio 2024.

Biblioteca Nacional do Rio de Janeiro – Seção de Obras Raras

O catálogo da Fundação Biblioteca Nacional (FBN) contém 271 livros de e sobre Alexandre Herculano (entre livros autorais e de comentadores).

Disponível em: http://acervo.bn.br/sophia_web/index.html. Acesso em: 8 maio 2024.

Biblioteca Nacional de Lisboa – Biblioteca Nacional Digital

Obras de Alexandre Herculano digitalizadas:

Disponível em: http://purl.pt/index/geral/aut/PT/22536.html. Acesso em: 8 maio 2024.

O catálogo da Biblioteca Nacional de Portugal (BNP) contém 622 livros de e sobre Alexandre Herculano (entre livros autorais e de comentadores).

Disponível em: http://catalogo.bnportugal.pt/ipac20/ipac.npp=20&ipp=20&spp=20&profile =bn&ri=&term=Alexandre+Hercula no&index=.GW&x=9&y=7&aspect=subtab11. Acesso em: 4 maio 2024.

E-books e obras selecionadas e disponíveis na internet

CRUZ, Carlos Eduardo da. Do exílio ao exílio: Alexandre Herculano do liberalismo português. *Garrafa*, v. 8, n. 22, p. 1-28, 2010. Disponível em: https://revistas.ufrj.br/index.php/garrafa/article/view/8670. Acesso em: 4 maio 2024.

MARQUES, Ana Maria dos Santos. *Alexandre Herculano*. s.d. Disponível em: http://cvc.instituto-camoes.pt/seculo-xix/alexandre-herculano.html#.XaNl8yaJKUl. Acesso em: 2 maio. 2024.

BIBLIOGRAFIA

ADORNO, Theodor; HORKHEIMER, Max. *Dialética do Esclarecimento:* fragmentos filosóficos. Rio de Janeiro: Jorge Zahar Editor, 1985.

ALMEIDA, Cândido Mendes de. *Direito Civil Ecclesiástico Brazileiro Antigo e Moderno em suas relações com o Direito Canônico*. 4. v. Rio de Janeiro: Garnier, 1866-1873.

ARENDT, Hannah. *Eichmann em Jerusalém*: um relato sobre a banalidade do mal. São Paulo: Companhia das Letras, 1999.

ARIÈS, Philippe. *História Social da Criança e da Família*. Rio de Janeiro: Zahar Editores, 1978.

BAKHTIN, Mikhail. *A Cultura Popular na Idade Média e no Renascimento*. São Paulo: HUCITEC, 1987.

BAPTISTA, Jacinto. *Alexandre Herculano Jornalista*. Amadora: Bertrand, 1977.

BARRADAS DE CARVALHO, Joaquim. Para uma bibliografia crítica de Alexandre Herculano. *Revista de História*, v. 34, n. 69, p. 231-246, 1967.

BASTOS, Jorge Claudio. *A monarquia portuguesa na obra de Alexandre Herculano*. Tese (Doutorado em História Política), Programa de Pós-graduação em História Política – Universidade do Estado do Rio de Janeiro, Rio de Janeiro, 2011.

BENJAMIN, Walter. Magia e Técnica, Arte e Política. Ensaios sobre Literatura e História da Cultura. In: *Obras Escolhidas*. Trad. Sérgio Paulo Rouanet. São Paulo: Editora Brasiliense, 1994.

BEOZZO, José Oscar (org.). História da Igreja no Brasil. In: *História Geral da Igreja na América Latina*. 3. ed. Tomo II/2. Petrópolis: Editora Vozes, 1992.

BEVILÁQUA, Clóvis. Apontamento sobre a evolução de alguns regimes de bens entre cônjuges. *Revista Acadêmica da Faculdade de Direito do Recife*, v. 2, n. 1, p. 144-145, 1892.

BEVILÁQUA, Clóvis. Aplicações do Darwinismo ao Direito. *Revista Acadêmica da Faculdade de Direito de Recife*, v. 7, n. 1, p. 117-132, 1897.

BEVILÁQUA, Clóvis. *Direito de Família*. 7. ed. Rio de Janeiro: Livraria Editora Freitas Bastos, 1938.

BLOCH, Marc. *Introdução à História*. Lisboa: Publicações Europa-América, 1965.

BURGUIÈRE, André; LEBRUN, François. As mil e uma famílias da Europa. In: BURGUIÈRE, André; SEGALEN, Martine (orgs.). *História da Família*. 3. v. Lisboa: Terramar, 1998. p. 15-82.

BRAGANÇA, Aníbal. *O Rei do Livro*: Francisco Alves na História do Livro e da Leitura. São Paulo: EDUSP, 2016.

CANDIDO, Antonio. Dialética da Malandragem. In: *O discurso e a cidade*. 2. ed. São Paulo: Livraria Duas Cidades, 1993, p. 19-54.

CARPENTIER, Alejo. *A harpa e a sombra*. Rio de Janeiro: Bertrand do Brasil, 1987.

CARVALHO, José Murilo de. *A Construção da Ordem*: a Elite Política Imperial. Rio de Janeiro: Campus, 1980.

CATROGA, Fernando. Alexandre Herculano e o Historicismo Romântico. In: TORGAL, Luís Reis; MENDES, José Maria Amado; CATROGA, Fernando (orgs.). *História da História em Portugal*: séculos XIX-XX. Portugal: Temas e Debates, 1998. p. 45-98. [Volume 1: A História através da História]

CATROGA, Fernando. Romantismo, Literatura e História. In: MATTOSO, José *et al*. (orgs.). *História de Portugal*. Lisboa: Estampa, 1998. p. 463-477.

CERQUEIRA FILHO, Gisálio. Conservadorismo religioso e "Moisés e o monoteísmo" de Sigmund Freud: uma abordagem que ainda surpreende. *Revista Latino-americana de Psicopatologia Fundamental*, v. ano 11, p. 01-14, 2008.

CERQUEIRA FILHO, Gisálio. Sinfonia Inacabada: Augusto Teixeira de Freitas, a "Consolidação da Legislação" e o "Esboço de Código Civil" para o Brasil. In: NEDER, Gizlene (org.). *História & Direito*: jogos de encontros e transdisciplinaridade. Rio de Janeiro: Revan/FAPERJ, 2007, p. 95-109.

CERQUEIRA FILHO, Gisálio; NEDER, Gizlene. *Projeto JFK*. Juntar Sigmund Freud e Hans Kelsen: uma aproximação entre subjetividade e direito. Rio de Janeiro: Mauad X, 2020.

CERQUEIRA FILHO, Gisálio. *Cultura e... resiliência*. Rio de Janeiro: Editora Lumen Juris, 2018.

CERQUEIRA LEITE, Beatriz Westin de. *O Senado nos Anos Finais do Império (1870-1889)*. Brasília: Senado Federal, 1978.

COSTA, Antônio de Macedo. *A questão religiosa perante a Santa Sé ou a missão especial a Roma em 1873 à luz de documentos publicados e inéditos pelo Bispo do Pará*. Lisboa: Lallemant Frères, 1886.

DARTON. Robert. Encyclopédie. In: *O Grande Massacre de Gatos, e outros episódios da história cultural francesa*. Rio de Janeiro: Graal, 1986, p. 247-275.

DERRIDA, Jacques. *Pensar a desconstrução*. São Paulo: Estação Liberdade, 2005.

DI LAMPEDUSA, Giuseppe. *Il Gattopardo*. Milano: Feltrinelli, 1958.

ECO, Umberto; SEBEOK,Thomas A. (orgs.). *O Signo de Três*. Trad. Silvana Garcia. São Paulo: Editora Perspectiva, 1991.

FAORO, Raymundo. *Existe um pensamento político no Brasil?* São Paulo: Ática, 1994.

FOUCAULT, Michel. *Arqueologia do Saber*, Petrópolis: Vozes, 1972.

FOUCAULT, Michel. *Vigiar e Punir*: nascimento da prisão. Petrópolis: Vozes, 1978.

FOUCAULT, Michel. A verdade e as formas jurídicas. *Cadernos da PUC/RJ*, n. 16, 1979.

FOUCAULT, Michel; FARGES, Arlette. *Le désordre des familles*: Lettres de Cachet des Archives de la Bastille. Paris: Gallimard, 1982.

FREITAS, Augusto Teixeira de. *Nova Apostilla à Censura do Sr. Alberto António de Moraes Carvalho sobre o Projecto de Código Civil Portuguez*. Rio de Janeiro: Typographia Universal de Laemmert, 1859.

FREITAS, Augusto Teixeira de. *Pedro quer ser Augusto*. Rio de Janeiro, 1872. (Opúsculo)

GINZBURG, Carlo. História da Arte Italiana. In: *A micro-história e outros ensaios*. Lisboa: Difel, 1989a, p. 51-93.

GINZBURG, Carlo. Sinais: Raízes de um paradigma indiciário. In: *Mitos, emblemas, sinais*: morfologia e história. São Paulo: Companhia das Letras, 1989b, p. 143-179.

GINZBURG, Carlo. *Relações de Força*: história, retórica e prova. São Paulo: Companhia das Letras, 2002.

GRINBERG, Keila. *O Fiador do Império*: cidadania, escravidão no tempo de Antonio Pereira Rebouças. Rio de Janeiro: Civilização Brasileira, 2002.

HOLANDA, Sérgio Buarque de. *História Geral da Civilização Brasileira* – O Brasil Monárquico. Tomo II, volume 3. São Paulo: Difusão Europeia do Livro, 1969.

HOLANDA, Sérgio Buarque de. *Raízes do Brasil*. 9. ed. Rio de Janeiro: Livraria José Olympio Editora, 1976.

HOMEM, Amadeu Carvalho. Jacobinos, liberais e democratas na edificação do Portugal contemporâneo. In: TENGARRINHA, José (org.). *História de Portugal*. Bauru: EDUSC, 2000. p. 263-282.

HORKHEIMER, Max. Teoria Tradicional e Teórica Crítica. In: *Os Pensadores*. Volume XLVIII. Trad. Ronaldo Pereira Cunha. Rio de Janeiro: Abril Cultural/ Editor Victor Civita, 1975. p. 125-162.

IGLESIAS, Francisco. *Trajetória Política do Brasil*. São Paulo: Companhia das Letras, 2001.

JAMESON, Fredric. *Pós-Modernismo*: a lógica cultural do capitalismo tardio. Trad. Maria Elisa Cevasco. São Paulo: Editora Ática, 1996.

KAISER, Glória. *Pedro II do Brasil*. Rio de Janeiro: Agir, 2000.

LACAN, Jacques. *Seminário 18* – De um discurso que não fosse semblante. Rio de Janeiro: Zahar, 2009.

LEGENDRE, Pierre. *Le dossier occidental de la parenté*. Paris: Fayard, 1988.

LEGENDRE, Pierre. *O amor do censor*: ensaio sobre a ordem dogmática. Rio de Janeiro: Forense Universitária, 1983.

MACEDO, Jorge Borges de. *Alexandre Herculano, Polémica e Mensagem*. Amadora: Bertrand, 1980.

MARINHO, Saldanha. *A Egreja e o Estado*. Rio de Janeiro: Typ. Imp. Et Const. De J. C. Villeneuve & c., 1873.

MATOS, Sérgio Campos. *Historiografia e memória nacional no Portugal do século XIX (1846-1898)*. Lisboa: Colibri, 1998.

MENDONÇA, Renato. *Um diplomata na corte de na corte da Inglaterra*. 2. ed. v. 74. Brasília: Edições do Senador, 2006 [1946].

MOREIRA, Francisco Ignácio de Carvalho. *Missão especial a Roma em 1873*. Londres: Typographia de A. Kingdon e Ca., 1881.

NEDER, Gizlene. *Iluminismo Jurídico-Penal Luso-Brasileiro*: obediência e submissão. Rio de Janeiro: Freitas Bastos/Instituto Carioca de Criminologia, 2000. (Coleção Pensamento Criminológico)

NEDER, Gizlene; CERQUEIRA FILHO, Gisálio. Os filhos da lei. *Revista Brasileira de Ciências Sociais*, v. 16, n. 45, p. 113-125, 2001.

NEDER, Gizlene; CERQUEIRA FILHO, Gisálio. *Ideias jurídicas e autoridade na família*. Rio de Janeiro: Revan, 2007.

NEDER, Gizlene (com colaboração de Gisálio Cerqueira Filho). *Duas Margens*: ideias jurídicas e sentimentos políticos no Brasil e em Portugal na passagem à modernidade. Rio de Janeiro: Revan, 2011.

NEDER, Gizlene. *Discurso Jurídico e Ordem Burguesa no Brasil*. 2. ed. Niterói: EDUFF, 2012.

NEDER, Gizlene. *As Reformas Políticas dos "Homens Novos" (Brasil Império: 1830-1889)*. Rio de Janeiro: Revan, 2016.

NEDER, Gizlene. Clóvis Beviláqua: redes de sociabilidade política, reconhecimento e ressentimento. *Revista do Instituto Histórico e Geográfico Brasileiro*, v. 178, p. 125-156, 2017.

NEDER, Gizlene. Fogo cruzado: a secularização do direito de família no Brasil e em Portugal. In: THIESEN, Icléia; SOARES, Joice de Souza; GONÇALVES, Gonçalo Rocha (orgs.). *História, memória, instituições*: fronteiras Brasil-Portugal. Rio de Janeiro: 7Letras, 2018. p. 111-134.

NEDER, Gizlene. Secularização e ideias jurídicas: entre política e religião. *Revista Culturas Jurídicas*, v. 8, p. 1-23, 2021.

NEMI, Ana Lúcia Lana. Alexandre Herculano e a escrita da História. In: PRADO, Maria Emília. *Atas do IX Colóquio Internacional Tradição e Modernidade no Mundo Ibero Americano*. Rio de Janeiro: UERJ/Universidade de Coimbra, 2012.

OLIVEIRA, Paulo Motta. Alexandre Herculano: malhas da história, armadilhas da ficção. In: OLIVEIRA, Paulo Motta; BOECHAT, Maria Cecília Bruzzi; OLIVEIRA, Silvana Maria Pessôa de (orgs.). *Romance Histórico*: recorrências e transformações. Belo Horizonte: FALE/UFMG, 2000. p. 129-149.

OLIVEIRA, Paulo Motta. Cartografia de Muitos Embatés – A Ascensão do Romance em Portugal. *Floema*, ano VII, n. 9, p. 249-282, 2011.

PINTO, Jefferson de Almeida. Abrindo as portas da Casa de Rilhafoles: os lazaristas e o movimento jacobeu em Portugal no século XVIII. *Passagens* – Revista Internacional de História Política e Cultura Jurídica, v. 12, n. 2, p. 271-295, 2020.

PINTO, Jefferson de Almeida. O ultramontanismo levanta a viseira: os Lazaristas e a questão religiosa no Segundo Reinado. In: NEDER, Gizlene; SILVA, Ana Paula Barcelos Ribeiro da; SOUSA, Jessie Jane Vieira de (orgs.). *Intolerância e cidadania*: secularização, poder e cultura política. Rio de Janeiro: Autografia, 2015. p. 46-86.

RAMOS, Henrique Cesar Barahona. *Os "Doutores da Lei": Medicalização Social e Jurisdição Civil (Brasil-Portugal-Século XIX*. Tese (Doutorado em História), Programa de Pós-graduação em História – Universidade Federal Fluminense, Niterói, 2013.

RODRIGUES, João Bartolomeu. *A educação na revista O Panorama*. Tomo I. Tese (Doutorado em Educação), Universidade de Trás-os-Montes e Alto Douro, Vila Real, 2008.

SAID, Edward. *Freud e os não-europeus*. São Paulo: Boitempo, 2004.

SAINT-JOSEPH, Anthoine de. *Concordance entre les codes civils étrangers et le code napoléon*. 4 tomos. 2. ed. Paris: Cotillon, Librairie du Conseil d'État, 1856.

SANT'ANNA, Benedita de Cássia Lima. *O Panorama (1837-1868): História de um jornal. Patrimônio & Memória*, São Paulo, v. 4, n. 2, p. 236-254, 2009.

SANTNER, Eric. *A Alemanha de Schreber.* A paranoia à luz de Freud, Kafka, Foucault, Canetti e Benjamin. Trad. Vera Ribeiro. Rio de Janeiro: Jorge Zahar Editor, 1997.

SANTOS, Wanderley Guilherme dos. Mitologias institucionais brasileiras: do

Leviatã paralítico ao Estado de natureza. *Estudos avançados*, v. 7, p. 101-116, 1993.

SARAIVA, António José; LOPES, Oscar. *História da literatura portuguesa*. 2. ed. Lisboa: Porto, 1966.

SCHORSKE, Carl. *Pensando com a História*: indagações na Passagem para o Modernismo. São Paulo: Companhia das Letras, 2000.

SCHORSKE, Carl. *Viena fin-de-siècle*: política e cultura. São Paulo: Companhia das Letras, 1988.

SCHWARZ, Roberto. As ideias fora do lugar. In: *Ao vencedor as batatas*. São Paulo: Livraria Duas Cidades, 1977. p. 13-28.

SCHWARZ, Roberto. *Um mestre na periferia do capitalismo*: Machado de Assis. São Paulo: Livraria Duas Cidades, 1990.

SEABRA, António Luís de. *Novíssima Apostila em resposta à diatribe do Sr. Augusto Teixeira de Freitas contra o código civil português*. Coimbra: Imprensa da Universidade, 1859.

SERRÃO, Joaquim Veríssimo. *Herculano e a Consciência do Liberalismo Português*. Amadora: Bertrand, 1977.

TORRES, João Camilo de Oliveira. *História das Ideias Religiosas no Brasil*. São Paulo: Editora Grijalbo, 1968.

VARGUES, Isabel Nobre. O processo de formação do primeiro movimento liberal: a Revolução de 1820. In: MATTOSO, José (org.). História de Portugal. Lisboa: Estampa, 1998. p. 41-55.

VENÂNCIO FILHO, Alberto. *Das Arcadas ao Bacharelismo*. São Paulo: Perspectiva, 1982.

VIANA, Hélio. Cartas de Alexandre Herculano para Joaquim Pinto de Carvalho. *Revista Brasileira de Cultura*, n. 4, abril-junho, 1970.

VILAÇA, Antônio Carlos. *O Pensamento Católico no Brasil*. Rio de Janeiro: Zahar Editores, 1975.

ZIMLER, Richard. *O último Cabalista de Lisboa*. Lisboa: Oceanos (Grupo LeYa), 2009.

SOBRE OS AUTORES

Gizlene Neder

Professora titular do Departamento de História da Universidade Federal Fluminense (UFF), atuando nos Programas de Pós-graduação em História (PPGH), desde 1987, e em Sociologia e Direito (PPGSD), desde 2004. Doutora em História Social pela Universidade de São Paulo (1987), mestre em Ciência Política pelo Instituto Universitário de Pesquisas do Rio de Janeiro (IUPERJ) (1979) e graduada em História pela Pontifícia Universidade Católica do Rio de Janeiro (PUC-Rio) (1973). Realizou pesquisa de pós-doutoramento na Biblioteca Nacional de Lisboa (1999), como bolsista de investigação da Fundação Luso-Brasileira para o Desenvolvimento dos Povos de Língua Portuguesa. É bolsista de Produtividade em Pesquisa do Conselho Nacional de Desenvolvimento Científico e Tecnológico (CNPq) desde 1981 e Cientista do Nosso Estado, da Fundação Carlos Chagas Filho de Amparo à Pesquisa do Estado do Rio de Janeiro (FAPERJ), triênios 2021-2024, 2018-2020 e 2009-2011. Em 2010 foi contemplada com bolsa de investigação para estrangeiros da Fundação Calouste Gulbenkian, Lisboa (Portugal), que fomentou a realização de estágio de pós-doutorado. É professora universitária na área de História desde 1974, iniciando no magistério superior na PUC-Rio. Em 1977, seu primeiro projeto para a realização de pesquisa com jornais abolicionistas foi fomentado pelo CNPq. Foi professora e pesquisadora na área de Ciência Política, com ênfase em Teoria Política, entre 1987 e 1992. Tem experiência na área de História, com ênfase em História Política, História do Direito; Teoria da História e História Moderna e Contemporânea. Atua principalmente nos seguintes temas: história do poder e da política; história das ideias políticas e da cultura política; história do Direito e das instituições. É editora da *Passagens* – Revista Internacional de História Política e Cultura Jurídica.

Gisálio Cerqueira Filho

Professor titular de Teoria Política da Universidade Federal Fluminense (UFF), atuando no quadro permanente do Programa de Pós-graduação em Ciência Política (PPGCP) na área de pesquisa "Teoria política e interpretações do Brasil". Doutor em Ciência Política (USP-1980), pós-doutoramento com estágio na Biblioteca Nacional de Lisboa, Portugal (1999), mestre em Ciência Política pelo Instituto Universitário de Pesquisas do Rio de Janeiro (IUPERJ) (1975), bacharel e licenciado em Ciências Sociais pela Faculdade Nacional de Filosofia da Universidade do Brasil (FNFi-UB) (1969), hoje Universidade Federal do Rio de Janeiro (UFRJ), e especialização em Métodos e Técnicas de Pesquisa pela Fundação Getulio Vargas (FGV-RJ) (1971). Aposentou-se em janeiro de 2016, aos 70 anos. É pesquisador sênior e um dos coordenadores do Laboratório Cidade e Poder (LCP/UFF). Gisálio está completando 60 anos de docência no Rio de Janeiro, sendo cinquenta como professor do ensino superior do Brasil. Em 2015, sua obra foi discutida em seminários e comemorações acadêmicas. Coordena o "Seminário Internacional Permanente sobre Subjetividade e Política" no LCP/UFF. É pesquisador sênior na Associação Universitária de Pesquisa em Psicopatologia Fundamental (AUPPF), fazendo parte da Comissão de Seleção dessa instituição (2018-2024). É membro do Research Committee on Sociology of Law (RCSL/ISA), da Associação Brasileira de Ciência Política (ABCP) e da Associação Nacional de História (ANPUH). É membro da Associação Brasileira de Editores Científicos (ABEC), do Conselho Editorial da Editora Escuta e do Conselho Consultivo da *Revista Latinoamericana de Psicopatologia Fundamental*. É membro do Conselho Editorial da *Carta FoMERCO*. Tem experiência na área de Ciência Política, com ênfase em Teoria Política, atuando principalmente nos seguintes temas: cultura e ideologia, estado democrático, ideologia e direito, política e psicanálise, história política, direito e sociedade. Por muitos anos foi pesquisador do Conselho Nacional de Desenvolvimento Científico e Tecnológico (CNPq), alcançando o nível I. Tem atuado como consultor *ad hoc* da Fundação Coordenação de Aperfeiçoamento de Pessoal de Nível Superior [CAPES] e da Fundação Carlos Chagas Filho de Amparo à Pesquisa do Estado do Rio de Janeiro (FAPERJ). Desde

2010 vem trabalhando no âmbito dos convênios internacionais do Laboratório Cidade e Poder com a Universidade Técnica de Lisboa (UTL-ISCSP), hoje ULisboa, Universidade de Buenos Aires (UBA-GEHBP) e Universitat Bremen. Em 2005, como decano, foi diretor *pro tempore* do Instituto de Ciências Humanas e Filosofia da Universidade Federal Fluminense (ICHF/UFF). Ex-Presidente do Fórum Universitário MERCOSUL (FoMerco), eleito para o biênio setembro de 2009 a setembro de 2011. Ex-diretor do Departamento de Sociologia e Política da PUC-RIO (1983-1988). Professor titular de Sociologia (aposentado) da Universidade Cândido Mendes (UCAM). Foi fundador do Programa de Mestrado em Pensamento Social e Político no Brasil (PUC-RIO) e exerceu mandato como professor eleito na qualidade de representante do Centro de Ciências Sociais (CCS) (PUC-RIO) no Conselho Curador da Fundação Padre Leonel França. Ex-professor do Programa de Pós-graduação da Escola Nacional de Saúde Pública (ENSP-FIOCRUZ). Foi membro fundador e diretor-executivo do Socii (Pesquisadores associados em Ciências Sociais), uma das primeiras organizações de pesquisa independente neste campo no Brasil, grupo formado por diversos pesquisadores e professores na década de 1970. Atuou no Centro de Formação Intercultural (CenFI), na recepção e formação (cultura brasileira e teoria política) de missionários católicos estrangeiros que vinham trabalhar em diferentes prelazias localizadas no "Brasil profundo".

Editor da *Passagens* – Revista Internacional de História Política e Cultura Jurídica.

LEIA TAMBÉM

Direito, religião e cultura política: variações
Ana Paula Barcelos Ribeiro da Silva e *Gizlene Neder, orgs.*

Grámática dos sentimentos políticos:
pensar a Assistência Social com a História,
Ana Maria Motta Ribeiro e *Gizlene Neder, orgs.*

Gramática dos sentimentos políticos II:
sobre direito, poder e violências em perspectiva multidisciplinar
Ana Maria Motta Ribeiro e *Gizlene Neder, orgs.*

História Transnacional e Global.
Circulação de ideias e apropriações culturais
Ana Paula Barcelos Ribeiro da Silva, Gizlene Neder e
Jônatas Roque Mendes Gomes, orgs.

Projeto JFK:
juntar Sigmund Freud e Hans Kelsen
uma aproximação entre subjetividade e direito
Gisálio Cerqueira Filho e *Gizlene Neder*

CARACTERÍSTICAS DESTE LIVRO:
Formato: 15, 5 x 23, 0 cm
Mancha: 11, 5 x 19, 0 cm
Tipologia: IowanOldSt BT 9,5/13,5
Papel: Pólen Bold 90/m2 (miolo)
Cartão Supremo 250g/m2 (capa)
1ª edição: 2024

Para saber mais sobre nossos títulos e autores,
visite o nosso site:
www.mauad.com.br